管理職失格

新世代リーダーへの条件

木村尚敬
柳川範之

日本経済新聞出版

はじめに

いきなりで恐縮ですが、質問があります。

「あなたは今、ある事業部門のリーダーです。現在は出世コースを歩んでいますが、内心では『現在の市場環境を踏まえると、このままでは大きな変化の波に乗り遅れて、自分たちの事業は10年後にはなくなっているかもしれない』という、漠とした不安を抱いているとします。

さて、あなたは今日からどう行動しますか？」

答えは人によってそれぞれ異なるでしょう。

起こるかどうかも極めて曖昧な不都合な真実なので、とにかく現状の事業を精一杯頑張って乗り切っていこうと奔走する人もいれば、かなり早い段階から将来の見通しが暗いことを上司に報告する人もいるでしょう。どうせ10年後には自分は他のポジションに異動になっているだろうから、あまり思い悩むことなく黙ってやり過ごせばいい、と考える人もいるでしょう。

この質問をした目的は、何が正解かを明かすためではありません。

「同じ立場になったら、自分はどうするか」と考えることそのものに大きな意味があると気づいてもらうためです。

実際に似たような状況に置かれている管理職は、日本に大勢いるはずです。

現在はＶＵＣＡ時代と言われます。「Volatility（変動性）」「Uncertainty（不確実性）」「Complexity（複雑性）」「Ambiguity（曖昧性）」の頭文字をとったキーワードで、将来が不透明で予測困難な状態を意味します。

昨日まであったものがなくなり、今日は新しいものが生まれる。そんなめまぐるしい変化が日々繰り返される時代に、果たして現場のリーダーである管理職だけが変わらずにいられるものでしょうか。

本書は、これからの時代に「捨てられる管理職」と「生き残る管理職」について議論し、新しいリーダー像を明らかにすることで、読者のマインドセットとアクションをアップデートするきっかけにしてもらうことを目的としています。

これはあなたが「会社に捨てられる」という意味ではありません。周囲が同じように古いタイプのリーダーばかりで、会社もそんな管理職を評価するのであれば、組織の中では順調に出世していくでしょう。

しかし、そんな古い価値観と行動様式の会社が、VUCAの時代に生き残れるでしょうか。会社そのものがなくなってしまったら、いくら組織の中で出世しても意味がありません。管理職であろうと役員であろうと、やがて居場所を失うことになります。

転職先を探すにしても、競争に勝ち抜いている他の会社はすでに新しい「生き残る」タイプのリーダーたちが率いているはずです。そうなれば、あなたは居場所を失うことになるでしょう。

つまり、「時代に捨てられる」ことになるのです。

そんな未来を迎えないために、まずは管理職であるあなたが変わる必要があります。

あなたには、現場も見えているし、トップとのパイプもある。上と下の両方に影響を与え、会社や事業を変革する大きなドライバーとなることができるのは、実は管理職だけなのです。

自分の会社や事業、そして自分自身が10年後もサバイバルできるかどうかは、今現在のあなたの意識と行動にかかっています。

管理職の皆さんが時代に求められる真のリーダーとなるためにこの本がお役に立てれば、これほど嬉しいことはありません。

2020年3月　柳川範之

Part 1 マインドセットをアップデートせよ

Chapter 1 捨てられる思考① 情報がないから判断できない

Chapter 2 捨てられる思考② 自部門に不利な決断はできない

Chapter 3

なんで中間管理職の私が決めるの？

捨てられる思考③

Chapter 4

リスクを減らすのが自分の仕事だ

捨てられる思考④

Chapter 5

結局、会社にしがみついた方がいい

捨てられる思考⑤

Part 2

アクションをアップデートせよ

Chapter 6

20代・30代の友達を作れ

生き残る管理職への道①

Chapter 7

生き残る管理職への道②

現役感を手放すな

Chapter 8

生き残る管理職への道③

ムカつく奴をチームに入れろ

Chapter 9

生き残る管理職への道④

チームの羅針盤を作れ

Chapter 10
ブライトサイド・スキルを磨け
生き残る管理職への道⑤

1

Part

マインドセットを
アップデートせよ

Introduction

人間のマインドセットを変えるのは、それほど容易ではありません。

その理由は、主に2つあります。


1つは、現状維持バイアスがあるためです。

これは変化よりも現状を維持することを望む心理作用のこと。このバイアスがあるために、本当なら変化を起こすために行動した方が良い場面でも、「今のままでいいだろう」と判断して何もしないという選択をしがちです。

例えばあなたが管理職で、自分が担当する事業の業績が伸び悩んでいても、「現状を変えるために思い切った改革をして、もし失敗に終わったら自分の評価が下がってしまう」と考え、結局は何も行動しない結果になりやすいということです。

もう1つは、付和雷同型の行動をとる傾向があるためです。

これは「周囲の皆と同じことをした方がリスクは少ない」と考え、他人の言動に同調して行動することです。

他部署の管理職と同じことをした結果、自分のチームの業績が上がらなかったとしても、自分一人が会社から責められることはありません。しかし、他の管理職と違うことをした結果、自分のチームだけ業績が上がらなかったら、リーダーである自分は周囲から責任を追及されることになります。

そのリスクをとりたくないために、付和雷同型の行動に走るのです。

現状維持バイアスも付和雷同型の行動も、個人の判断に影響するだけでなく、組織全体の判断や意思決定にまで影響を及ぼすのがやっかいな点です。

管理職を含めたリーダー全員が「現状を変えたくない」「皆と同じ行動しかしたくない」という考えに流されれば、会社としても新しいチャレンジや変革には着手しにくくなります。

右肩上がりの時代は、現状維持や付和雷同でも組織を維持できました。経済全体が大きく成長していくプロセスでは、昨日と同じことをやっていても業績は伸びたし、全員が足並みを揃えて同じやり方で頑張れば結果はついてきました。

しかし、いまや時代は大きく変わりました。

新しいものを生み出さず、同質性が高く多様性のない組織は、もはや生き残ることはできない。時代に取り残されて、いつか淘汰されることになります。

だからこそ、現場のリーダーであり、組織の中核を担う管理職がマインドセットを新しい時代に合ったものにアップデートする必要があります。

現状維持バイアスも付和雷同型の行動も、「自分にはその傾向がある」と自覚すれば、そうならないように意識を変えることができます。

自分がどのようなマインドセットに支配されているかを自覚することが、それを変えるための第一歩になるのです。

本書のPart 1では、「捨てられる管理職」の傾向を解き明かすとともに、マインドセットをどう変えていくべきかを議論します。自分の日頃の考え方や行動と照らし合わせつつ、読み進めてもらえれば幸いです。

柳川範之

捨てられる思考①

情報がないから判断できない

Chapter 1

昔と今では仕事の「問い」が変わった

木村　日本企業における管理職の役割は、この20年ほどで大きく変わったと感じています。かつての部長や課長は、みずから意思決定することがほとんどありませんでした。

日本の会社の多くはボトムアップ型で、現場の力が強い。だから下の人たちが正解を持ってきてくれて、上司である管理職は上がってきた内容を見て良し悪しを判断、良ければ承認のハンコを押すだけ、という役割に甘んじていました。

柳川　確かに「自分で決める」という作業よりは、下の意見を取りまとめたり、調整したりといった仕事が中心だったかもしれません。

木村　それが２０１０年代に入った頃から、強い会社ほど管理職が自分で決めて、仕事の方向性や手法をリードしていくことが求められるようになりました。管理職が意思決定することの重要性が、どんどん増してきたという感じでしょうか。

柳川　何が変化のきっかけになったとお考えですか。

木村　**背景にあるのは、仕事で与えられる「問い」が変わったことです。**昭和の時代までの問いは、決められた目標に向かって〝どうやって〟それを実現するのか、というもの。つまり理詰めで考えれば答えが決まるものでした。「この製品の品質を上げるにはどうすればいいか」とか「原価を下げるためにはどうすればいいか」といったものですね。

だから意思決定というよりむしろ〝解く〟という見方の方が正しかった、それらの問題に対して、与えられた権限の中で目の前にある答えを着実に実行していくのが管理職の役割だった。

ところが今、ビジネスの世界で突きつけられるのは、そもそも何をすべきか、という〝問いを立てる〟ことです。新しいアイデアを生み出すとか、そもそもどちらの方向へ進むべきなのかを判断する、つまり〝意思決定する〟ことが求められます。

たとえるなら、昭和の問いは塗り絵に正しく色を塗るようなもので、今の問いは白地に絵を描くようなもの。経済が右肩上がりで連続性の高い時代には、どこにどんな色を塗るべきか決まっている絵がすでにあって、管理職はその枠からはみ出さないように正確に作業するだけでよかった。ところが現在のように非連続な時代背景においては、どんな絵を描くかを自分でいちから考えなくてはいけない。その違いは非常に大きいと思います。

図1

管理職に求められる課題

昭和の問い

「塗り絵を正しく塗る」

・決められた目標
・着実に実行する

＝

正解のある問い

これからの問い

「白地に新しく絵を描く」

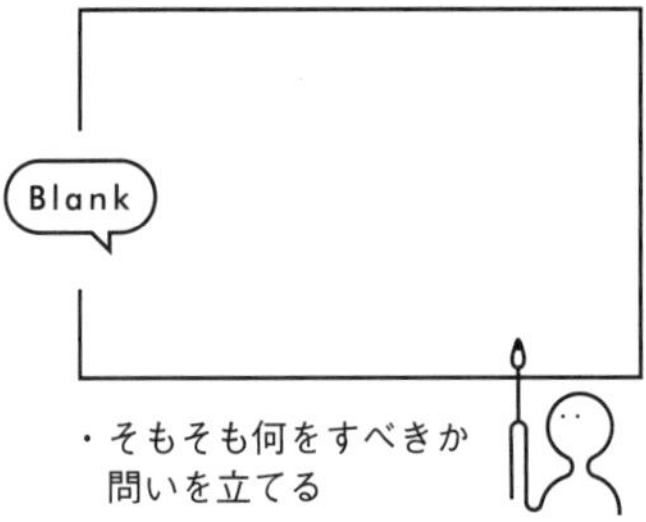

・そもそも何をすべきか
　問いを立てる

＝

正解のない問い

柳川　そうですね。日本が経済成長を続けていた頃は将来の確実性が高く、技術革新も連続的な変化の延長線上にあったので、新しいアイデアを求められることの重要性は相対的に低かった。つまり変化が乏しく将来の見通しがきく時代だったので、管理職も与えられた権限の中で何をすればいいかが判断しやすかったのでしょう。

ところが今はかなりのスピードで次々と技術革新が起こっていて、どちらの方向へ進めばいいのか、何をやれば儲かるのかといったことが明確ではない。**だから管理職の人たちも、会社から「新しいアイデアを出せ」「イノベーションを起こしてくれ」と言われるわけですが、そのために具体的に何をすればいいかは誰も指示してくれません。**

その結果、管理職も自分で考え、自分で決めて動くことが要求されるようになったというわけですね。

木村　その通りです。新しい価値を生み出したり、今までのやり方を変えたりすることが管理職の役目になりました。経済成長期は前例踏襲でよかったが、これからは前例否定から入らなくてはいけない。それが大きな変化です。

なかなか決められない管理職たち

木村　ただ先ほども言ったように、与えられた問いを〝解く〟だけの役割に慣れてしまっているので、「自分で決める」という意識・能力が必ずしも備わっていません。

決められない管理職がよく使う言い訳があるんですよ。

それは「情報がないから判断できない」。

それで部下に対して「これでは足りないから、もっと情報を揃えろ」と言うのです。もちろん確かに判断材料が少なすぎるケースもありますが、多くの場合は単に決めたくないだけ。この言い訳をして、判断を先送りするのが一番ラクですから。

そもそも情報がすべてそろっている段階では〝決める〟とは言わない。もはや完全情報下では、人間よりＡＩの方が精度が高いわけですから。つまり情報が十分に揃っていない・不確実な状態で果敢に〝決める〟ことこそが、リーダーとしての意思決定力です。**その場合、すべての判断が正しいとは限らない、場合によっては失敗もあり得ますが、そのリスクをとることこそ、意思決定の本質だと思います。**

柳川　もともと日本の会社は、「誰が決めているのかわからない」と言われることが多いですね。フォーマルな意思決定の主体はあっても、実はそこで決めることは少なくて、その前に根回しという名のもとに全体の意見が取りまとめられ、結局は誰が決めているのかわからないまま会社としての意思が決まっていくことが大半ではないでしょうか。

木村さんが指摘したように、白地に絵を描くために何かを決めることはもちろん重要ですが、まずはそれ以前に「自分に与えられた権限の範囲で決めるべきことは覚悟を持って決めましょう」ということだと思います。

本来なら管理職である自分の意思決定範囲内の案件であっても、上にお伺いを立てて判断を仰いだり、部下に決めさせてしまったりする人も多いのですが、決めるべき人が決めるべきタイミングで決めてこそ、組織全体で適切な意思決定がなされるはず。それができればもう少し状況が良くなる日本の会社は多いように思います。

ハンコを押すだけの管理職には合理性があった

木村　そもそもなぜハンコを押すだけの「昭和的な管理職」が出来上がってしまったのか。

柳川先生はどうお考えですか。

柳川　今までの話も踏まえて、3つの軸に整理できます。**1つ目は、木村さんがおっしゃったように、日本企業がボトムアップ型の組織であること。**だから下が良しとしていることをあからさまに上が否定したりはしないし、ましてや組織の真ん中にいる部長や課長が大きな方向性を指示することはないという構造があります。つまり日本企業はヒエラルキー組織になっていない。トップダウンで上が決めるのではなく、現場が中心となってある種のチームプレーで意思決定してきたんじゃないでしょうか。

多くの日本の会社は、最初は小さな町工場でした。働く人たちも少人数なので、オペレーショナルなテーマは何でも全員で話し合って意思決定する。代表者はもちろん工場長（兼社長）ですが、実質的にはやることはみんなで決めたことにハンコを押すだけ、となるわけです。

問題は、組織が大きくなってもこの構造が変わらなかったことです。会社が大きくなれば、経営者だけでなく管理職も含めて偉そうな肩書きがつく人は増えるのに、やはり上が決めることはほとんどないままここまで来てしまいました。

2つめは、管理職に与えられてきたのが塗り絵を塗るという極めてルーティンな仕事で、自主的な意思決定をそれほど必要とされなかったことです。

木村　業務上の意思決定どころか、飲み会の挨拶で何を話すかさえ任せる人もいましたからね。部下がト書きを用意して、部長はそれを読み上げるだけ。すべての段取りは下がやってくれるので、上司は何もしなくていい。私は昭和の終わり頃に大企業と仕事をする機会が多かったのですが、当時の管理職はそんなイメージでした。

柳川　**さらに3つ目として挙げたいのが、日本の会社ならではの年功序列です。この3点がセットになると、「実は何も決めていない管理職」が出来上がる。**

木村　昭和の時代は「部下なし管理職」がたくさんいました。年功序列だから、勤続年数とともにポジションは上がっていく。そうは言っても優秀な人とそうでない人は線引きされるので、優秀な人は部下が何十人もいる営業一部の部長で、そうでない人は実質的に自分しかいない営業二部の部長になる、といったケースは大企業でよくありました。

柳川　与えられるのは形式的な肩書きだけで、部長と言っても仕事や業務とひもづいているわけではない。長年働いてきたことに対する勲章みたいなものでしょうか。

木村　そうです。「あいつももう50歳を過ぎたし、そろそろ部長にしてやらないと可哀想だろう」と。当時は大企業の場合、部長になるのが40代後半から50代前半くらいが一般的でしたから。それでも日本が成長モードで企業経営も安定していた頃は、肩書きだけの管理職が社内にいても、別に会社は潰れなかったわけです。

出世＝「上の覚えがめでたい」は本当か

柳川　同じ昭和時代でも、高度成長期の初期くらいまでは日本の会社もベンチャース

図2
「昭和型」管理職が生まれる3つの理由

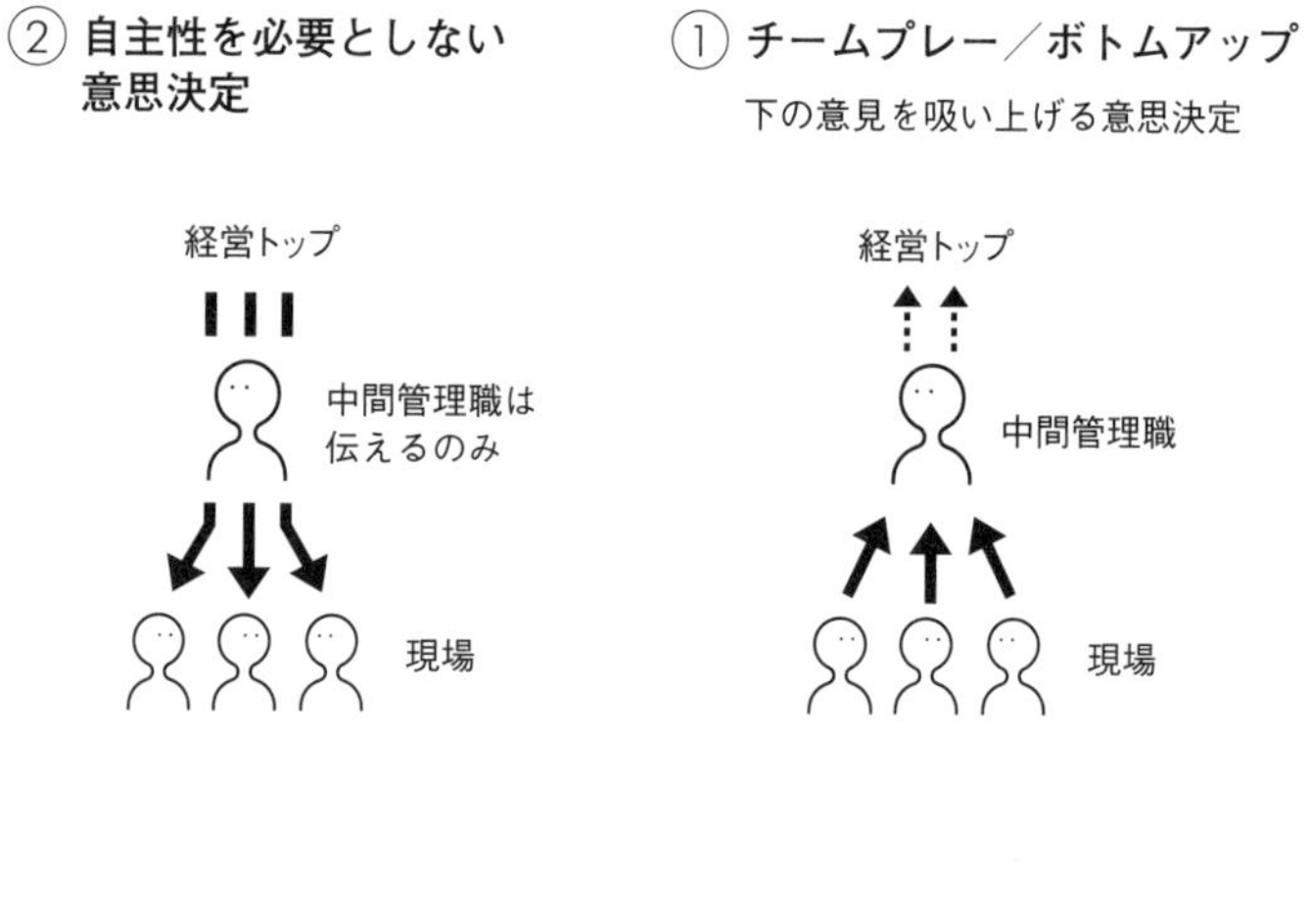

ピリットがあって、管理職の人たちも意欲的で面白いことをやっていたイメージがあります。それがある時点で変わってしまったということですか。

木村　おっしゃる通り、私も先輩経営者から、昭和20年代や30年代の日本企業が本当に元気だった時代の話をよく聞いています。トヨタ自動車の大野耐一さんやホンダの藤沢武夫さんがいた時代なんて、彼らが参謀として新しい生産方式や販売方式をどんどん生み出して行った。戦後の何もないところから始まって、まさに白地に自分たちの絵を描いて行ったわけです。

ただオイルショックがあって高度成長期が終焉を迎えた昭和40年代後半から、日本企業は安定モードに入って行きました。と

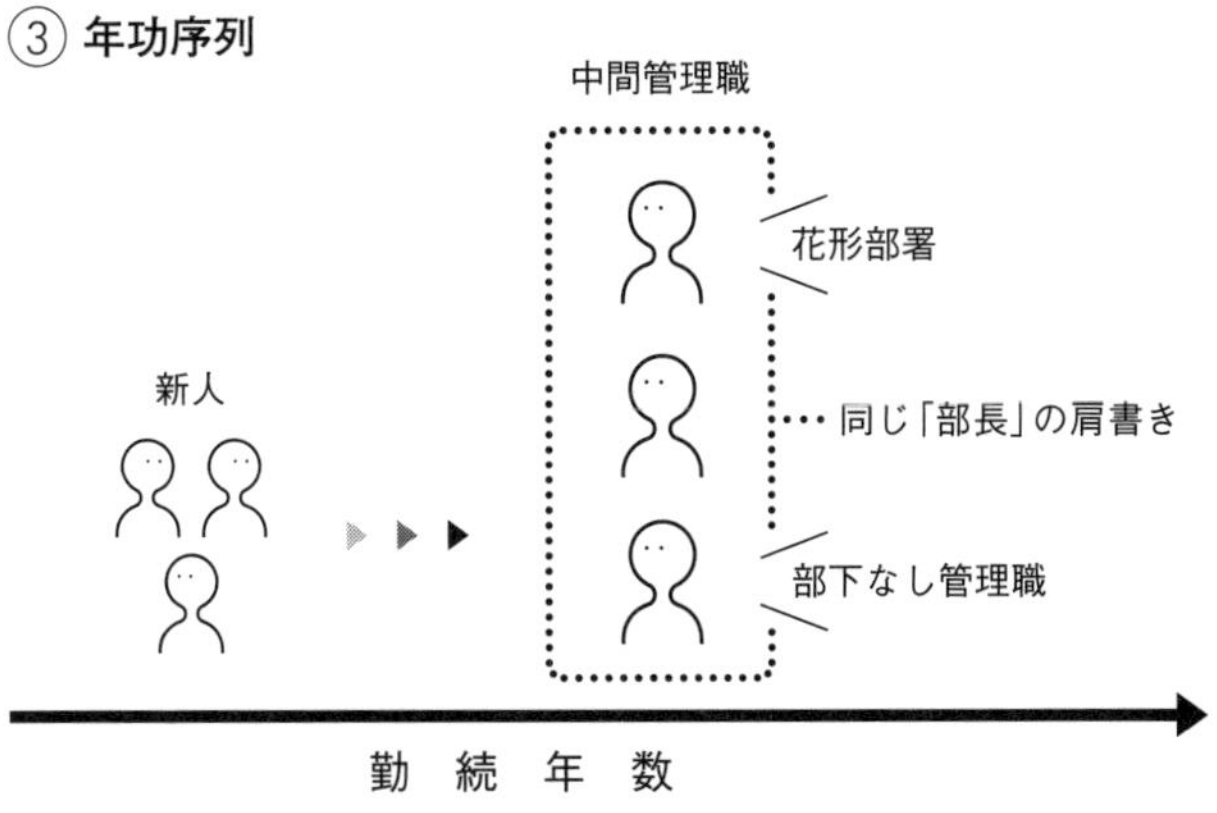

はいえ大企業はまだまだ安泰だから、先ほど話したように黙っていても全員が部長になれた。しかも部長になると、その上の役員のポストも見えてきます。

するとと何が起こるかというと、部長たちは上司にとって「覚えめでたき部下」になろうとする。それこそ上司の靴の裏を舐めるようなつもりで、上司の無茶や横暴にも耐え続けて、何とか重役に上げてもらおうとしたわけです。**当時は実力主義なんて概念はほとんどなくて、上司が部下をどこで評価するかといえば、自分にとって可愛いやつかどうかというのが大きかったですから。**

柳川　ところがバブルが崩壊して低成長に突入すると、社内のポストはどんどん減って行きました。もう全員が部長になれる時代ではなくなった。すると今度は実力が伴わないと出世できなくなりますね。

木村　ええ、平成になると結果を問われるようになりました。

柳川　ただし評価される仕事そのものが定型的だったので、管理職も決められたことを真面目にやれば結果を出すことができた。その評価軸が変わって、ここ10年ほどは新しいアイデアを提案したり、方向性を決めたりといったクリエイティブな結果を求められるようになっている。昭和から今までを振り返ると、そんな管理職像の変化が見えてきます。

終身雇用が作り上げた「会社共同体」

木村　「昭和的な管理職」が生まれたのは、かつての日本企業が「会社共同体」だったことも大きな要因です。大半の人がジョブを選ぶ「就職」ではなく、会社を選ぶ「就社」で職場を決め、一度入社したら終身雇用制度に乗っかって定年まで勤め上げる。だから、会社と社員はまさに運命共同体でした。

ずっと同じ顔ぶれでやって行くのだから、みんなで空気を読み合って、予定調和で穏便に物事を進めようとします。となると、同質的な集団を作った方が仕事はやりやすい。よって入社後は色々な部門や職種を経験させ、ほぼ横並びのキャリアを持つゼネラリストとして育てるのが一般的でした。

柳川　終身雇用の組織では、「和」が大事な要素になるわけですね。しかも、ずっと雇ってもらう代わりに、どこでどんな仕事をするかは会社や上司の判断に委ねられる。日本の会社では、先月まで東京で営業をやっていた人が、いきなり「来月から地方で経理をやってくれ」などと言われることも珍しくありません。ジョブ型の欧米組織と違い、誰が何をやるかという役割が明確に決まっていないのが日本企業の特徴と言えます。

木村　ところが現在は、経団連の中西宏明会長やトヨタ自動車の豊田章男社長が「企業が終身雇用を維持するのが難しい」という趣旨の発言をした通り、もはや終身雇用を前提とした経営は成立し難くなっています。日本経済の連続的な成長が見込めなくなったことに加え、事業のライフサイクルが短くなったことが大きな要因でしょう。

常に事業ポートフォリオを見直し、時には既存事業の買収や売却、さらには新規立ち上げや撤退をスピーディに実行しなくてはいけない時代になれば、当然ながら人員の入れ替えも頻繁に行われるようになる。よって終身雇用という前提は崩れ、これまでと同じやり方で会社共同体を維持するのも難しくなりました。

一方で、最近では本当の意味での「就職」を選択する人が増えています。**つまり会社を選ぶのではなく、プロフェッショナルとして手に職を持って生きて行くことを選ぶということです。**私のような経営コンサルタントもそうですし、会計士や税理士などの士業もいれば、ITやAIなどのテクノロジーを専門とする人もいます。

これらのジョブ型人材は、1つの会社や組織にこだわらなくても、自分の専門性を活かして様々な場所で働くことができます。1つのプロジェクトをやり終えたら、別の会社に移って新しいプロジェクトに参画してもいいし、独立や起業をしてもいい。自分のやりたいことや面白いと思うテーマを追いかけて働く場所を次々と変えていけるので、会社に人生を捧げなくてもいいのです。

ですから今後は日本企業も、こうした働き方の多様化を前提とした組織に変わって行くのだろうと考えています。

日本型システムのルーツはカネボウ

柳川　しかしもっと時代を遡ると、戦前はむしろ雇用の流動化が激しかったと聞きます。いつ頃から日本企業は終身雇用にもとづく会社共同体になっていったとお考えですか。

木村　ルーツは戦前のカネボウです。当時は鐘淵紡績という名前の繊維産業を営む会社でした。その兵庫工場の業績を立て直すために三井銀行から送り込まれた武藤山治氏による経営改革が、会社共同体の原点の1つとなっています。

当時の繊維産業は極めて労働集約的で、現代と違ってコンプライアンス意識も高くなかったため、劣悪な環境下で従業員を働かせることで、経営者が搾取するという企業が多かった。なかでも地方からやってきた女工さんたちは、かなり酷い環境で働かされ、結局は体を壊してやめていく人も多かったようです。

それを目にした武藤氏は、事業の継続性に疑義を感じ、長期的に生産性を高めるために労働環境を改善することに努めました。長く経験を積んだ熟練工ほど効率よく作業するし、歩留まりも良い。つまり生産性を上げるには、従業員が長期的に働いてくれる方がいいわけです。

そこで武藤氏は、工場の敷地内に女学校などを設けて福利厚生を手厚くし、さらには長く働くほど給料が上がっていく賃金体系にしました。**これはまさに年功序列の仕組みであり、「最後まであなたたちの面倒を見てあげますよ」という終身雇用の始まりです。**労働組合も鐘淵紡績に導入し、日本的経営の三種の神器と言われる「年功序列」「終身雇用」「企業別労働組合」の基礎を作ったのは、この武藤山治氏のような人たちなんですね。

柳川　なるほど。その仕組みや制度が他の日本企業にも広まっていったと。

木村　ただし、この三種の神器が本当にフィットしたのは、実は戦後の高度成長期からバブルが崩壊するまでの数十年間だけです。もともと日本は慢性的な人手不足で、だから昔は柳川先生がおっしゃったように雇用が流動的でした。そこへ右肩上がりの経済成長がやってきて、さらなる人手が必要になると、日本企業にとって働き手を確保してできるだけ長く働いてもらうことが重要なテーマになった。つまり、終身雇用を維持するインセンティブが経営者側にあったのです。

でも、同じ制度も時代が変われればフィットしなくなる。連続性の時代には皆が同じ方向を見て進んでいくことができましたが、非連続の時代には「昨日まで君たちがやっていた事業は、今日から全く違う競技になります」ということがいくらでもあるのですから、雇用が流動化していくのも当然です。

柳川　終身雇用が日本企業にフィットしたのは、文化的な背景もあると思います。農耕民族である日本人は、古くからコミュニティを重視してきました。だから「ムラ」や「イエ」の意識も強い。どこか特定の集団に帰属して、仲間と一緒にみんなで頑張りたいというメンタリティがあったことも、日本企業で終身雇用がこれだけ広まった要因ではないでしょうか。

ですから今後の変化を考えると、木村さんがおっしゃるようにジョブ型で働く場所を次々と変えていく人材が増えていくのは事実である一方で、組織に対する帰属意識は残っていくのではないかと感じます。

木村　私もその点は同感です。**終身雇用が当たり前ではなくなったとしても、日本人がアメリカ人のように会社に対するロイヤリティをほとんど持たず、ドライな感覚で転職を繰り返すようにはならないと思いますね。**やはり日本には、共助で成り立ってきた文化がありますから。

柳川　終身雇用という前提が崩壊した今、日本人が持つ組織への帰属意識をうまく活かしながら企業を経営するにはどうすべきかを考えなければいけない段階に来ている。そんな風に感じます。

「改善型アプローチ」から「改革型アプローチ」へ

木村　昭和の時代と現在の企業経営の違いについて、私はいつも「改善型アプローチ」と「改革型アプローチ」という表現を使って説明しています。

図3

日本型経営の3種の神器

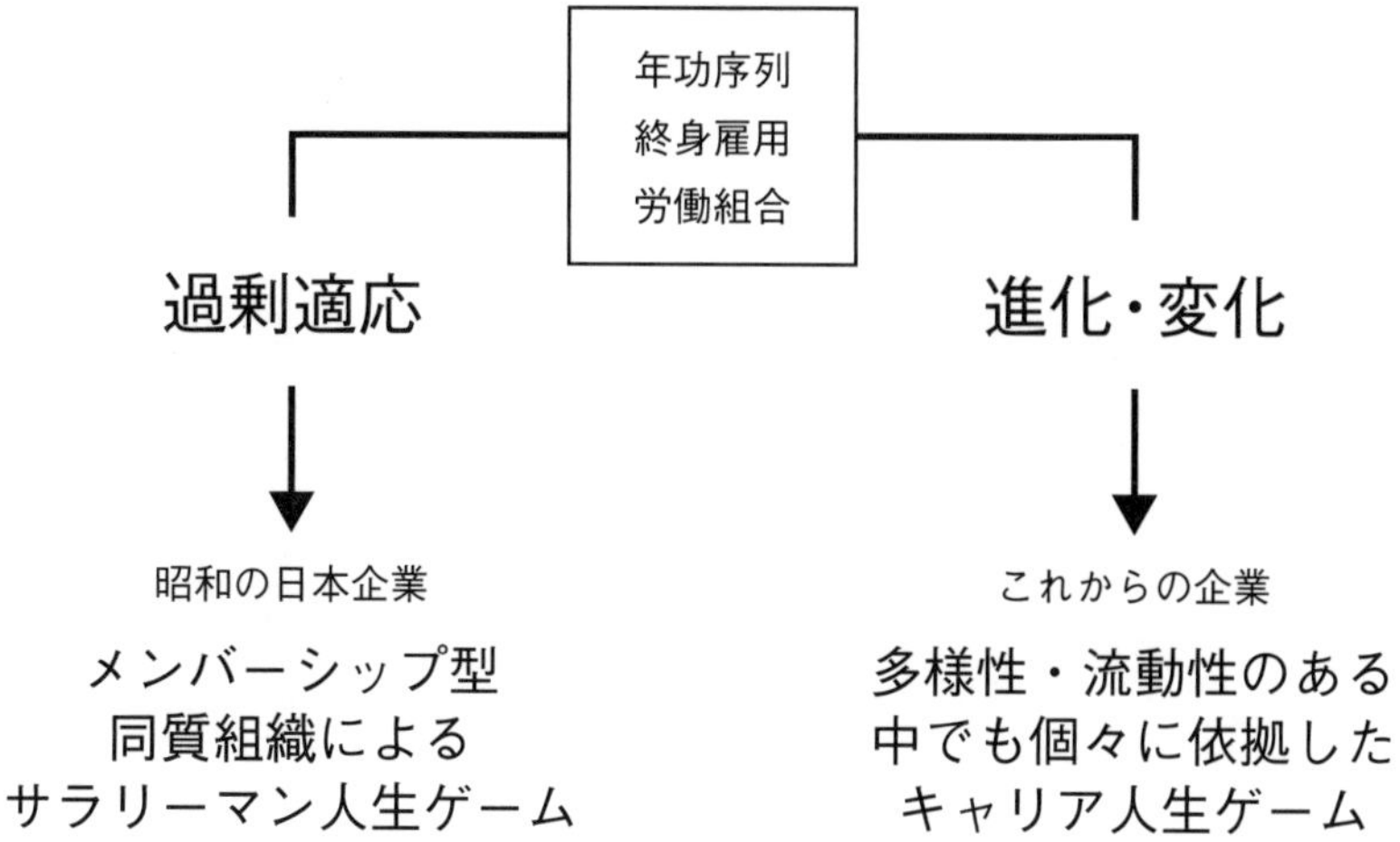

右肩上がりの成長が続いているときは、「昨日よりは今日、今日よりは明日を良くする」という改善的な取り組みが有効でした。改善というのは、〝より良くする〟という意味です。しかし現在求められているのは、改革型の取り組みです、改革というのは、〝変えて新しくする〟という意味です。

「改善型アプローチ」と「改革型アプローチ」において何が最も大きく変わるかといえば、やはり最初に申し上げた「問い」の変化です。それに伴って、管理職の役割は「マネジメント」から「リーダーシップ」へ移行したと考えています。

柳川 マネジメントとリーダーシップの違いはよく論じられますが、木村さんの解釈はどのようなものですか。

木村 マネジメントとは、その言葉通り「管理」ですよね。**企業経営において管理が有効なのは、かつてのように正解のある問いを扱う局面です。**「どうすればコストを2割下げられるか」「どうしたら工場の生産性を1・5倍にできるか」といった問いには正解があります。例えば、機械を入れて効率を上げるとか、業務プロセスを見直すとか。要するに、以前は経営上の課題のほとんどがオペレーショナルなアジェンダだった。だから現場で問題を洗い出し、日々の改善活動を積み重ねて行く「改善型アプローチ」が効果的に機能しました。
この局面においてはやることが明確なので、あとはそれを粛々と進めるために人や金、時間などを管理することが重要になる。だから管理職はマネジメントに徹することが求められました。
一方のリーダーシップとは「導く」、つまり同じチームで働いている人たちをどちらかの方向へ引っ張って行くことです。これが求められるのは、問題が与えられていない局面、つまり「改革型アプローチ」においてです。企業の課題がストラテジックなアジェンダで、「そもそも何が問いなのか」から考えなくてはいけない場面において、リーダーシップは有効に機能する。自分なりの問いを立ててメンバー全員と共有し、「我々の答えは恐らくこちらの方向だ」と示して共感を得て、その方向を目指して皆を導いていくことが、今の管理職に求められています。

柳川　そうですね。言葉の定義の仕方にもよりますが、リーダーシップは大きな方向性を示すこと、マネジメントは方向性が決まっている中で全体をコントロールすること、という意味で使われるケースが多いと思います。

木村　私は2016年から3年間、中国法人の代表を務めましたが、中国市場における日本企業の管理職は今まさに「マネジメントからリーダーシップへ」の転換を迎えています。

これまでは日本企業が中国に拠点を出すと言っても、やっていることは日本側の下請け的な業務が中心でした。例えばトヨタに納品している部品メーカーが中国に生産拠点を作った場合、その中国工場が部品を納めるのはトヨタの中国拠点になります。

取引先も業務プロセスもすべて日本と同じなので、中国市場における経営課題も基本的には、原価低減や生産性向上などオペレーショナルなアジェンダが中心になる。だから中国の拠点長の仕事は、管理職としてのマネジメントが大半だったんですね。

ところが最近は中国市場も状況が変わり、中国の拠点長は日本本社から「自分たちで市場を取りに行け」「中国のローカル企業に売り込みに行け」と発破をかけられるようになっています。つまり、自立したプロフィットセンターとして機能するように、との指示です。

こうなるとストラテジックなアジェンダが増え、リーダーシップが求められるようになった。でも中国の拠点長たちはそうした経験が少ないので、皆さん非常に苦労されています。

もはや、リーダーシップはリーダーだけのものではない

柳川　リーダーシップ論については欧米を中心に様々な書籍や論文が出ていますが、私が読んだ中で興味深かったのは、「リーダーシップはリーダーだけが持つものではない」というものです。**組織を動かすにはリーダー的な発想を全員が身につけることが必要であり、それこそがリーダーシップの本質なのだという内容でした。**

経営トップだけでなく、組織のすべての階層の人間がリーダーシップを身につけるべきだという主張は、今回のテーマである管理職の役割を考える上でも参考になりそうです。

木村　なぜ欧米でリーダーシップ論が盛んかといえば、多様性の社会だからです。日本の組織は同質的で、皆が同じ方向に進んで行く前提だったから、これまではリーダーシップをあまり必要としなかった。一方で欧米は価値観やバックグラウンドが人それぞれ違うし、先ほども言ったように組織への帰属意識も低い。だからリーダーがビジョンを示して、全員を1つの方向へ導いて行くことが重要なテーマになります。

柳川　いいか悪いかは別として、今の技術革新の時代には、日本のような農耕型組織より、欧米のような狩猟型組織の方がフィットするのでしょう。**アメリカや中国の企業が技術革新の波に乗って比較的うまくいっているのは、「俺はこっちに獲物がいると思う！」と言って走り出すリーダーがいるからです。**それに皆もついて走り出すから、組織が一斉に動く。日本企業が時代に取り残されつつあるのは、どうしても「今いる場所でじっくり米を育てましょう」という感覚があって、なかなか動き出せないからだという気がします。

木村　あとはやはり、日本企業が会社共同体だったことも欧米との大きな違いです。終身雇用の会社共同体ではみんながやめない前提で働くから、会社の業績が落ち込んでも、嫌な上司がいても、歯を食いしばって頑張る。そんな世界観では、別にリーダーシップなんていらないわけです。

ところが今は、会社の業績がちょっと悪くなったり、嫌な上司がいたりしたら、すぐやめてしまう。今の若い世代は安定志向だと言われますが、それでも昔のように理不尽なことに耐えて、メンタルが崩壊するギリギリまで会社に尽くそうなんて人は少ないはずです。**転職も珍しいことではなくなり、キャリアの選択肢が増えたので、「嫌ならやめる」が可能になった。**日本人の働き方や価値観も多様化しているので、今後は上司のリーダーシップがこれまで以上に求められるでしょう。

リーダーシップは後天的に身につけられる

柳川　そうなると、管理職は「自分の言葉できちんと話せること」が必須のスキルになりそうです。**多様性のある組織では、部下に対しても、これまでのように「言わなくてもわかるだろう」とか「背中を見て学べ」というのは通用しなくなる。**まだまだ会社共同体の意識が根強い伝統的な大企業であっても、若い世代に対しては「なぜ自分たちはこの方向を目指すのか」を言葉で丁寧に伝えて説得する必要があります。

木村　もちろん人には得手不得手があるので、リーダーシップを発揮するのが得意な人もいれば、オペレーショナルな課題をきっちり管理するのが得意な人もいるでしょう。これはどちらも組織に必要な人材なので、基本的には自分の得意な道を選んで役割分担すればいい。

ただ現状として、今の日本企業にはリーダーシップを発揮できる人が極端に少ないので、もっと増やしていく必要があるのは間違いありません。今まで管理が得意だと思っていた人も、意識を変えればリーダーシップを身につけることができる。リーダーシップは後天的なもので、経験によって身につけることができるというのが私の考えです。

柳川　私も意識を変えるだけで随分違ってくるんじゃないかと思います。**そもそも日本では、リーダーシップとマネジメントが違う能力であるという認識が浸透していないので、管理することがリーダーシップだと勘違いしている人も多い。**ですから違いを理解するだけで「今まで自分がやってきたのはマネジメントだったのか、だったら今度はリーダーシップについて学んでみよう」と思えるのではないでしょうか。

木村　たとえ自分が率いるのがオペレーショナルなチームであっても、管理職はリーダーとして自分なりの方向性を示す必要があります。仮に自分が経理課長で、部下たちがやっているのは伝票処理や交通費の計算といった典型的なオペレーショナル作業だとしても、「私たちはこの業務を通じて会社にどう貢献したいのか」「そのために何を目標とするのか」といったことをメンバーに話して共有する。それがリーダーシップを養うセルフトレーニングになります。

「君は伝票を１００枚処理して、２枚ミスがあったから、次は失敗をゼロに減らしましょう」というのはただの管理です。そうではなく、なぜミスをゼロにするのか、それが会社全体の中でどんな意味を持つのか、さらに自分たちのチームを将来どうして行きたいのかを自分の言葉で語れるのがリーダーシップということ。まずはその違いを認識することが「捨てられる管理職」を脱するための第一歩になります。

捨てられる思考②

自部門に不利な決断はできない

Chapter 2

「相互不可侵条約」がイノベーションを阻害する

木村　私が日本企業の大きな弱点だと思っているのが、「他部門のことに口を出さない」という暗黙の了解があることです。私はこれを「相互不可侵条約」と呼んでいますが、大企業ほど組織が縦割りで、横と連携しようとしません。

大企業の部長からよく聞くのは、「そこは私の守備範囲ではない」という言葉です。それぞれの管理職が自分の守るべき範囲を決めていて、それを絶対に越えようとはしない。それぞれの部門が持つ顧客接点を共有し、横につないでいくだけでも一気にユーザーとのタッチポイントを拡大できるのに、縦割りの壁が邪魔してなかなか実現しないといった話はよく耳にします。

管理職が担う、自部門の業績達成、部下や家族も含めた雇用の責任というプレッシャーは、極めて大きいものであることは間違いありません。そのため「自分のところさえいっぱいいっぱいなのに、他のことになど正直構っていられない」というのが本音なのでしょうが、本当はもっと他部門と連携すべきだと思いますね。

柳川　とくに自社内でイノベーションを起こすには、部門間連携が重要なカギを握ります。**イノベーションというとゼロから何かを生み出すことだと思われがちですが、実は今の技術革新のほとんどが既存テクノロジーの組み合わせで生まれています。**

例えばiPhoneも、すでにあった携帯電話やインターネット通信機器などの技術を組み合わせて作られたもので、そこに何か革新的なテクノロジーがあったわけではありません。iPhoneを生んだのは技術そのものというより、新しい組み合わせを発想する力だということです。

木村　そもそもiPhone以前から、スマートフォンの原型と言えるＰＤＡはすでに存在していました。そこに斬新なデザイン性やインターフェースを組み合わせることで、劇的なイノベーションが生み出された。

柳川　でも組織の中で働く人たちが自分の担当業務の範囲内だけで仕事を完結させていたら、その枠を飛び出るような発想は生まれませんよね。最近は外部の組織と協働して取り組むオープンイノベーションが増えていますが、自社内でも他部門と連携することで新たな組み合わせを生み出すことはできるはずです。

そのためには、各部門を率いる部長クラスの管理職が積極的に動く必要があるんじゃないでしょうか。
何か新しいことを始めるときはトップマネジメントが意思決定するものだと考えている人も多いのですが、実際に会社の中でアクションを起こそうと思ったら、現場をよく知る管理職がリードしないと何も変わらないという会社は多い。**つまりイノベーションの時代には、ミドルクラスの管理職が果たす役割はより大きくなるということです。**

木村　部長という役職の一義的な責任は、担当事業を長期的な視点から伸ばして行くことなので、自部門だけに集中したいという気持ちもわからなくはありません。しかし、それではずっと同じことの繰り返しになってしまう。柳川先生がおっしゃる通り、これからは部門間連携ならぬ「部長間連携」が求められます。

柳川　先ほども話に出たように、日本企業は様々な部署を経験させてゼネラリストを育ててきたわけですよね。この人事ローテーションが始まった当初は、それぞれの部門が持つノウハウや情報を横展開させる目的もあったはずです。営業部長になる人でも、どこかの時点で管理部門や製造現場を経験させるのは、それぞれの場所で得た知見や人脈を結びつけて仕事をしてほしいと会社側が考えたからではないかと。
ところが実際は、縦割りの組織の中でそのメリットが消えてしまっている。管理職が守備範囲にこだわることで、せっかくの幅広い経験が活かせていないとしたら、非常にもったいない気がします。

隣の部署は「別会社」

柳川　なぜ日本の管理職が守備範囲にこだわるかを考えると、帰属意識の問題は無視できません。先ほど、日本人は欧米人に比べて組織への帰属意識が高いという話が出ましたが、「どこまでを自分の組織と捉えるか」が昔とは随分違っているのではないでしょうか。

日本の会社のほとんどが中小企業だった頃は、会社全体を自分のコミュニティだと認識していたかもしれませんが、今は会社が大きくなりすぎました。グループで何万人もの社員を抱える組織になると、大半は自分にとって顔も名前も知らない人たちなので、組織全体に帰属意識を持つのは難しくなる。自分のコミュニティとして認識できるのは、せいぜい事業部単位です。だから隣の事業部は、自分にとってもはや別の会社、別の組織、別のコミュニティなんですね。ここに部門間連携が図れない原因の1つがあるように思います。

木村　確かにそうですね。**大企業で働いている人ほど、実は自分のコミュニティだと認識している組織の単位は小さくて、自分の半径数メートルくらいの範囲にしか帰属意識を持たない。**

柳川　結局のところ、人間が帰属意識を持てる組織の大きさには限界があるということです。それを持てるのは、自分にとってリアルな手触り感がある組織に限られます。ところが日本企業が成長するにつれ、組織はどんどん分断されて、手触り感がある範囲はかえって小さくなってしまった。組織が極めて大きくなったのに、いまだに組織が小さかった高度成長期の成功モデルを当てはめようとしているのが、そもそもの大きな間違いではないでしょうか。

日本の管理職は、いまだに「ムラ」の長

木村　日本企業における管理職は、例えるなら「ムラ」の長です。自分のコミュニティである事業部にしか帰属意識を持たず、「自分のムラさえ良ければいい」と考えます。

しかしムラにとっての最適は、あくまで「個別最適」でしかありません。そして、個別最適の集合体は、企業においては「ヒト・モノ・カネ」のリソースの制約があるので、必ずしも「全体最適」にはならない。それぞれの管理職が自分の事業部のことだけを考えていたら、会社全体の最適化は成し得ません。

もちろんムラのことを考えるなと言っているわけではなく、全体最適と個別最適の両方の視点を持たなくてはいけないということです。

柳川　管理職はそれぞれのムラを仕切る村長だと考えると、コミュニティ意識の問題が理解しやすいですね。

木村　会社がムラの集まりでも、昔はそれなりにうまくいっていました。会社の継続的な成長が前提だった時代は、ムラとムラの利害対立はあまり起こらなかった。それぞれが個別最適を追求し、自分のムラを大きくしていけば、会社全体としても成長できたからです。

しかし経済環境が大きく変わると、既存事業を売却したり、新しい事業を買収したりといったムラの入れ替えが当たり前になりました。あちらのムラが生き残れば、こちらのムラは消滅するかもしれない。そんな状況が前提になると、会社の中は利害対立だらけになります。それこそ会計上の共通費をどちらが負担するかといった細かいテーマでも、いちいち利害がぶつかってしまう。

本当ならムラの長が話し合って利害を調整しないといけないのですが、それぞれが個別最適だけを考えるから、いくら話し合っても収束できません。

柳川　全体最適を考えれば、「こちらのムラは取り潰して、あちらのムラは3倍に大きくしましょう」という判断になることもありますから、それぞれの当事者である村長だけでは調整がつきませんね。自部門を縮小あるいは撤退して、そのリソースを他部門に振り分けた方が会社全体の利益になるとわかっていても、そんなことをしたら部門の責任者である自分の評価は下がってしまう。それでも自部門に不利な決断ができるかというと、なかなか難しいところです。

木村　**しかし本当に会社全体のことを考えるなら、管理職が自部門にとって不利な決断をすべきときもあります。**もちろん、これは口で言うほど簡単ではありません。自分がその事業部の責任者であるにもかかわらず、「競争環境が変わってこの事業では戦えなくなりました」とか「このセグメントで競合に後れをとっています」といった不利な情報を正直に伝えたら、上からは「それは部長であるお前の能力不足だろう」と思われてしまうリスクもあるわけです。

それを恐れる管理職は、自己否定になるネガティブなことはなるべく言わず、何を聞かれても「うちは大丈夫です」と言えるような方向性にしか組織を引っ張りたくない、というインセンティブが働いてしまう。とくに会社共同体の組織文化が根強い企業では、「下手なことを言ったら、自分の身が危うくなる」と思って保身に走りがちです。

でも経営トップからすると、ネガティブなことも含めて現場の重要な情報を上げてくれる部下はありがたいんですよ。何万人もの大企業を率いるトップは、とても現場のことまで全部見られないので、今起こっていることをわかりやすく翻訳して伝えてくれる存在が必要です。

柳川　現場の実態を最もよく知る管理職がネガティブな情報を一切上げなかったら、それは組織として非常にまずいですね。部長や課長が「大丈夫です」「うまく行ってます」といいことしか言わなければ、トップはそれをもとに経営判断するしかない。

当然それは間違った判断になりますから、会社はどんどん悪い方向へ進んでしまいます。**ですからトップとしても、ネガティブな情報を上げた部下をきちんと評価する仕組みを作り、管理職が「うちの事業はもうダメです」と正直に言える組織にしていく必要があるでしょう。**

「Wハット」を使い分けろ

木村　これからの時代は、むしろ会社のために自部門の撤退戦をやりきるような管理職は高く評価されると思います。自部門にとって不都合な事実を隠して問題を先送りにしていたら、それが会社全体にとって致命傷となり、取り返しのつかない事態になりかねない。いくら自分のムラが大事でも、業績が悪化したり、事業の将来性が見込めなかったりした場合は、勇気を持って「このままでは会社にとって良くないので、早めに手を打ちましょう」と上に言える管理職であるべきでしょう。

先ほども言いましたが、管理職の第一義的なミッションは、自分の担当領域において価値を最大化することなのは間違いありません。しかし同時に全社的な目線を持って、必要であれば自部門に不利な提案を上にしなくてはいけない。

つまり、一方では個別最適の帽子をかぶりつつ、もう一方では全体最適の帽子をかぶって、2つの帽子をその時々で使い分けながら上の経営層と話ができるかどうか。いわゆる「Wハット」と呼ばれるものですが、ここが今後評価される本当のリーダーになれるかどうかの試金石になるはずです。

図4

Wハットを使い分ける

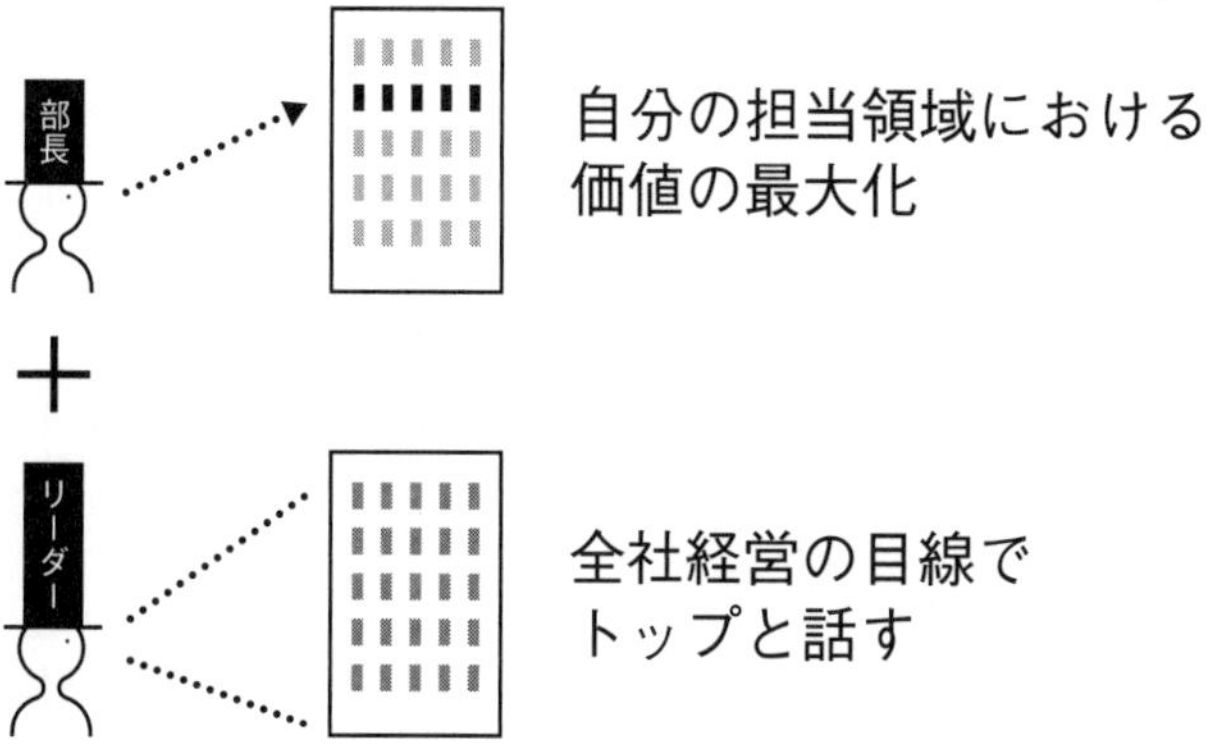

柳川　アメリカであれば、「管理職でどうにもならないなら、上層部がすべて決めるから君たちはそれに従え」というトップダウン型の解決が可能ですが、日本の会社では現実的に難しい。それほどの強いリーダーシップを持ったトップ人材がそもそも少ないですし、たとえいたとしても、上が強権を振るえばボトムアップ型の日本的カルチャーでは反発が大きくなります。

そうなると、やはり日本においては管理職の役割がより重要になります。現場をよく知る管理職が全体最適の目線を持ち、それにもとづいた決断をする。あるいは、全体最適の発想を持ってトップに情報や意見を積極的に伝えていく。それがこれからの管理職の役割であり、これを果たせるかどうかが、今後の日本企業の未来にとって大きなカギを握るのではないでしょうか。
そうなると、やはり横の連携は重要になりそうです。1人では難しいことも、仲間がいればやりやすい。できれば同じ視点を持った管理職同士が連携してグループを作り、事業部間の利害調整やトップへの発信をしていけるといいですね。

判断を誤らせる「会社の看板」

木村 「うちの事業部はこのままではまずい」と思ったとき、リーダーである管理職がまずやるべきなのは、当り前ではありますが、まずは経済合理的な最適解を見つけ出すことです。「10年後に自分の部門がなくなるとしたら?」という問いに対して、その原因はどこにあるのか、生き残るためにできることはあるのかを客観的かつ戦略的に考えてみる。その結果出した合理的な答えが「生き残りは無理」であるなら、早期に売却や撤退に向けて動き出すべきです。

ところが、合理的な答えを出すことを邪魔するものがあります。それは、会社という看板です。

会社共同体においては、「会社」「事業」「個人」は一体だと考えられてきましたが、本来この3つは別物です。ですからこの問いを考える際は、会社の看板は外し、個人の立場もひとまず置いておいて、事業そのものだけを冷静に見つめなくてはいけない。ところが、どうしても会社という看板が答えをミスリードしがちです。

事業単独で考えれば、自部門が生き残るには誰かと手を組まなければいけない。しかも自分たちが買い手となって他の事業体を吸収するという形ではなく、売り手となってより力のある事業体の傘下に入るのが望ましい。そんなときでも、「うちの会社が吸収される側になるなんて」と、つい会社の看板で考えて合理的な判断を阻害してしまうのです。

柳川　会社の看板によって、判断にゆがみが生じてしまうのは、とても残念なことですが、しばしば見られる現象ですね。

木村　私が会社の看板によるミスリードをよく目にするのは、人員削減をしなければいけない場面です。それを迫られたとき、企業の人事担当役員や部長が「社員をやめさせたら、自分は一生浮かばれない」とよく言うんですね。でもそれは、自分の会社の傘の下にいることが社員にとって幸せだと思っているからです。つまり、会社の看板で物事を考えている。

しかし、事業そのものを見つめた場合、今のままで勝ち目がないなら、状況が悪くならないうちにできるだけ良い条件で引き取り先を探すことが合理的な答えになるはずです。

もちろん会社には雇用の義務がありますが、長期的な目線でそこで働いている人の幸せを考えるならば、自分の会社の看板でじり貧になるより、事業の競争力が強化される相手先と手を組んだ方が、ハッピーエンドになる確率が高いはずです。ムラの顔が見えて、そこで付加価値を社会に創出し、キャッシュフローを生んで社員へ還元している単位は、あくまでも「事業」なんです。だから事業部門のリーダーである管理職は、まず事業単体で合理的な答えを出す必要があります。

柳川　あくまでも〝合理的〟な判断であることが重要ですね。**ここに人の情理が介入して、「事業を売却して他の会社に移る人たちがかわいそうじゃないか」とか、「これは上の人たちが大事にしていたプロジェクトだから手放すわけにいかない」などと言い出すと、それこそ判断がゆがんでしまう。**

ネガティブな意思決定ほど早くする

木村　そもそも個人の立場で考えた場合でも、事業の売却や撤退が合理的な答えになることは少なくありません。自分たちの事業が今の会社から出ていくことになったら、そこで働く人たちは短期的には痛みを伴うかもしれませんが、長期的に見るとむしろ幸せになれるというのが私の考えです。

その決断をしないまま問題を先送りにしたら、競争力はどんどん低下し、赤字も拡大して事業としては死に体になってしまう。そうなったら、売却したくても誰も引き取ってはくれません。働いていた人たちの引き取り先もないので、全員をリストラするしかない。そうなると会社にとっても個人にとっても、待っているのは悲惨な末路です。

でも、たとえ自社にとってノンコアとなっても競争力が残っている、つまりまだ傷が浅い段階で早く決断していれば、良い条件で事業を買ってくれる先が見つかります。人員ごと売却先に移ることもできるし、自社内で将来性のある事業部に配置転換することもできる。いずれにしてもより良い環境に移れるのですから、働く人たちも結果的に幸せになれます。

柳川　会社の中でも「人」の部分は最も情理によって判断がゆがみやすいところですが、だからこそ戦略的な判断は徹底して合理的にやるべきですね。

木村　例えばＪＴが２０１５年に飲料事業から撤退し、自動販売機事業はサントリーグループに買収されましたが、あれはかなり早い決断でした。自社内だけで見れば確かにお取り潰しかもしれませんが、飲料大手のサントリーに引き取られたことで競争力を回復し、さらなる成長が期待できた。長期的に見れば、ＪＴの飲料事業に関わる当事者にとっても非常に良い決断だったのではないでしょうか。

だから売却や撤退などネガティブな意思決定ほど早い方がいい。そして経営トップがその決断をできるのは、管理職が自部門に不利な情報を上げてこそ可能になるのです。

捨てられる思考③

なんで中間管理職の私が決めるの？

Chapter 3

「全員賛成」のメリットはすでに失われている

木村　ここまで私たちは、日本の管理職が自分で決断や判断をしていないことを指摘してきました。そうなってしまった背景の1つに、「全員賛成」という日本的な意思決定の仕組みがあります。

和や協調を重んじる会社共同体では、ムラの長が集まって意見を取りまとめ、全員が納得して賛成票を投じる形で丸く収めるのが一般的でした。これにはメリットもあって、意思決定したことを行動に移した際の実行力は担保されます。いったん全員賛成を取りつけておけば、途中で「自分はこのやり方には反対だ」という人は出て来ないので、物事が円滑に進行します。

ただ、全員が納得する落としどころは、あくまで中間解であって最適解ではありません。とはいえ中間解でもいいケースもあって、二律背反で白黒つけられない問題は、どこかで折り合いをつけて1つの落としどころを見つけるしかない。一方で、絶対にどれかを選択しなければいけない二者択一や三者択一の場面では、全員賛成で答えを出すことはほぼ不可能です。

図5

全員賛成のメリット

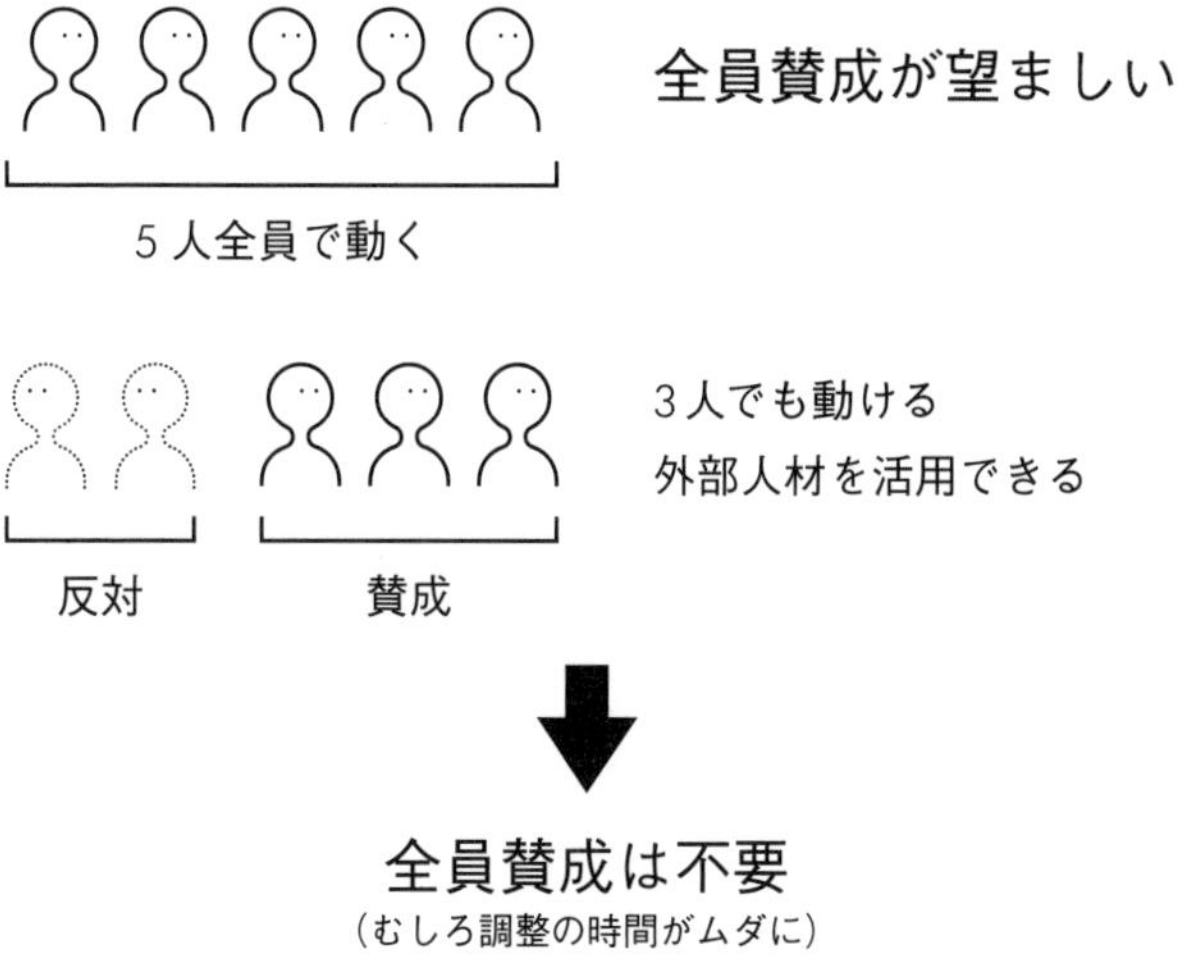

柳川　学術的な話をすると、全員賛成によるメリットの大きさは、行動するのに「全員」のうちどれだけのリソースが必要かによって変わってきます。

例えば、その場にいる5人全員で取り組まなければ実行できない仕事なら、全員賛成の意思決定をすることにメリットがあります。誰か1人が反対しているのに、それを押し切って多数決で決めてしまったら、その1人は仕事が動き出してもやる気が出ず、パフォーマンスも上がらない。それではチーム全体にとって都合が悪いわけです。

でも、5人のうち3人が賛成すれば動き出せる仕事なら、話が違います。3人に減っても実行できる、あるいは残り2人は外部から連れてくることができるといった場合は、5人全員の合意を取る必要はない。そうなると、全員賛成のメリットは少なくなります。

かつての終身雇用に守られた会社共同体では、組織や人の入れ替えがほとんどなく、リソースが社内に限られていたので、全員の合意を取る必要がありました。**でも現在のように、組織や人が頻繁に入れ替わったり、外部と協働で行うプロジェクトベースの仕事が増えたりすると、全員賛成の必要性は低下しているはずです。**時間をかけて全員の合意を取りつけるより、早く動き出すことに価値がある時代ですから。

木村　そうですね。環境の変化に応じたスピーディな実行が経営にとって何より重視されます。

柳川　もう1つ、全員賛成によるメリットに影響するのが、行動することによって生じるリスクです。行動することに大きなリスクがあると考えている、あるいは現状を維持するデメリットが比較的小さいと考えている場合は、全員賛成のメリットは大きくなります。仮に、外に危険な猛獣がいる可能性が高いとしたら、誰か1人でも「危ないから外へ出ない方がいい」と反対したら、それに従って全員そこから動かない方がいいですよね。

反対に、行動するリスクが小さい、あるいは現状を維持するデメリットが大きい場合は、全員賛成のメリットは小さくなります。今の場所にいてもいいことがないなら、誰か1人でも「あっちに獲物がいるから、行ってみよう」と言ったときにすぐ動いた方がいい。全員が賛成するのを待っていたら獲物はどんどん逃げてしまいますから、みんなの合意より行動することにメリットがあります。

これも右肩上がりの高度成長期なら、その場所にずっと居続けて現状を維持することにメリットがありましたが、今は「こっちに新しい市場がある」と誰かが気づいたらすぐ動いた方がいいので、やはり全員賛成のメリットは低下していると言えます。

常にポジションをとって意思表示せよ

木村　会社共同体には、コミュニケーションコストが低いという利点もありました。同質的な集団なので、相手が自分の言ったことをまったく理解してくれなかったり、面と向かって反対意見を言われたりすることが少ないので、ストレスがなくてラクなんですね。しかしこれからは、あえてコミュニケーションにストレスをかけていく必要があると考えています。

それはつまり、「常に自分のポジションをとれ」ということです。正解のある問いから正解がない問いへと変化し、オペレーショナルではなくストラテジックなアジェンダを扱うようになった今、管理職は白紙にどんな絵を描くのかを自分の意思で決めなくてはいけない。**意思決定はもっと上の人間がやるものだと思っていて、「なんで俺が決めるの？」などと言っていてはダメです。**

よって、どんな局面においても、自分の意見はどちらなのかを意思表示することが、必要とされる管理職になるための良いトレーニングになります。

柳川　具体的にはどんな形で意思表示をすべきだと？

木村　例えば上司や役員に判断を仰ぐとき、選択肢がAとBの2つあるとします。ここでやってはいけないのが、それぞれのメリットとデメリット、投資対効果やリスク等の分析結果だけ伝えて、「あとはよろしくお願いします」と判断を丸投げしてしまうこと。そうではなく、「私はAを選択すべきと考えます。なぜなら、〜だからです。よってAで進めてよろしいでしょうか」という聞き方をすべきです。

柳川　意思決定を上に丸投げするのではなく、自分のスタンスを明確にするということですね。

注意すべきなのは、十分な情報が得られて、何が「正解」がわかる場合にしか、スタンスを明確にしないのでは、意味がないということでしょうね。ここで求められているのは、正解が明らかでないときに、どういう選択をすべきと自分が考えるか、そのスタンスを決めることが求められている。

11人の決断を翻《ひるがえ》した、たった1人の男

木村　管理職がこれをやらないと、結局は皆が相手の顔色をうかがって全員が納得する落としどころを探ろうとする組織文化から抜け出せません。本来なら議論を交わすべき会議の場でも空気を読み合って、最大公約数をとろうとしてしまいます。

柳川　そもそも日本の会議は議論しませんからね。**とくに組織の上層部が集まる役員会議などは、事前に調整したことを確認する場であって、議論する場ではない。**裏側で行われ

る根回しで実質的に決まっているので、結局は誰が責任を持って決断したのかがわからないというデメリットが生じます。

木村　その文化の中で、どんなときも自分の意思表示をするのは、かなり勇気のいることです。お互いに空気を読み合う会議の場で、空気とは逆の意見をズバッと切り出すのはなかなか難しい。でも、それをやるかどうかです。

空気を読み合うということは、そこにいるほとんどの人は「絶対に自分はこうだと思う」という強い意思を持っているわけではないということです。「Aがいいかもしれないが、Bでもいいかもしれない」という程度の考えだから、周囲の空気を読んでそれに合わせることができる。だからその中で誰か1人が信念を持って「絶対に自分はAだと思う」と言えば、意外と場の流れは変わっていくものです。

『十二人の怒れる男』という法廷ものの映画がありますが、これも最初は無罪に手を挙げたのは1人だけで、残りの11人は有罪に手を挙げました。ところが、多数派の人たちになぜ無罪だと思うのかを聞くと、根拠に乏しい曖昧な答えが返ってきたり、なかには意思表示をパスする人までいた。その中で主人公が「私はこういう理由で被告人は無罪だと思う」と明確な意思表示をすることで、残りの11人の意見を変えていき、最終的には無罪評決に達するという物語です。

このように、多勢に無勢に思えても、自分のスタンスを明確にすれば、状況を変えられる可能性は大いにある。だからこそ、常にポジションをとることを自らに課す必要があります。

部下に対してもポジションをとれ

柳川　今のは対上司や会議の場での話ですが、管理職には部下もいます。下に対しては、トップダウンで「自分はこっちへ行くべきだ」と意思表示すべきなのか、それともある程度、部下の意見を聞いてから自分のスタンスを決めるべきなのか、どちらとお考えでしょう？

木村　それはテーマによります。オペレーショナルなテーマであれば、部下たちの意見を聞いた上で、上司が「じゃあ、こちらへ行こうか」と判断するボトムアップ型でもいいでしょう。

しかし、ボトムアップでは決まらないストラテジックなテーマであれば、「俺はこっちへ行くべきだと思う」とはっきり言い切るべきです。こちらは中間解ではなく最適解を出さなくてはいけないテーマですから、全員賛成では答えが出ない。

もちろん部下たちの意見を聞くのは構いませんが、みんなの意見がバラバラだったとしても、「いや、それでも俺はこっちだ」と言えなくてはいけない。つまり、部下に対してもポジションをとれということです。そのためには、やはり日頃から上に対してポジションをとる訓練をしていないと難しいでしょうね。

柳川　なるほど、上に対して意思表示できなければ、下に対しても意思表示ができないわけですね。

木村　上に対してポジションをとるのは勇気がいると言いましたが、下に対してポジションをとるのも簡単ではありません。決断には責任が伴うので、腹が据わっていないとできない。しかしそれも、上に対して常に意思表示をする訓練を続けることで胆力が鍛えられていきますから、まずは自分の上司に対して「AかBか」を必ず言う習慣をつけることから始めるといいでしょう。

上司に潰されない戦い方

柳川　会議の結論が事前の根回しによって決まるのは、面子の問題もあると思います。とくに経営会議のようなフォーマルな場で、もし社長に対して誰かが反対意見を述べたら、社長の面子が丸潰れじゃないかと周囲が考えるので、会議当日は全員賛成になるように前もって調整する。このような場でも空気を読まずに意思表示して、あえて出る杭になれということでしょうか。

木村　**出る杭になるべき場とそうでない場を、うまく使い分けることが大事でしょうね。**会長や社長が揃って意思決定するトップ会合の場で、後ろに控えている課長が「すみません、ちょっといいですか」と手を挙げて反対意見を言うのはさすがに行きすぎでしょう。

ですから出る杭になるべきなのは、もっと前の段階です。例えば自分と同じ部課長クラスが集まる会議の場や、普段のコミュニケーションの中で上司に意見を聞かれたときなどですね。そこでは出る杭になる覚悟で、堂々と自分のスタンスを明らかにすればいい。「出る杭にはなるが、出すぎない」。これが組織の中間にいる管理職がとるべき戦略です。

柳川　管理職クラスの会議なら、自分は担当部署のトップとして意思表示する権限がある。一方で、正式な権限が与えられていない場で意思表示するのは越権行為であり、場合によっては自殺行為になりかねない。これは本人にとっても良い戦略とは言えませんね。

木村　ときには、自分の上司が明らかに間違った選択をしようとするケースもあります。上司の個人的な利権が絡んでいるとか、社内政治で有利になるといった理由で、どう考えても正しくない決断をする悪い上司もなかにはいる。そのとき、部下である自分には踏み絵が差し出されます。「こっちにしないと俺の立場が悪くなるから、お前も賛成してくれるよな？」と。そこで丸め込まれるか、それとも戦うか。会社や部門のためにならないなら、そこは出る杭になっても戦うべきでしょう。

柳川　自分が上司に潰されないような戦い方のコツはありますか。

木村　**まずは軽くジャブを打って、反応をうかがってみるべきでしょうね。**「それはちょっとまずいのでは」と言ってみて、どうやら完全に上司が敵に回ってしまったと判断したら、真正面からぶつかるのではなく、違うルートで翻意させる道を探る。敵の敵は味方なので、自分の上司と利害関係で対立する人を見つけて、そちらに話をつけに行くのが近道だったりします。
いずれにしても、やり方を工夫すれば、出すぎることなく上司にうまく意思表示する道が必ず見つかります。

質の高い情報で上を操れ

柳川　とはいえ多くの管理職は、自分が意思表示する権利がある場面でさえ上司や周囲に合わせようとしがちですから、出すぎる杭になる心配よりは、まず言うべきときに自分の考えを言う習慣をつけることが先決でしょう。

木村　上司に意見を聞かれているのに、情報提供だけで終わってしまう人は多いので、そこから一歩踏み込んで「この情報にもとづいて考えると、自分はこうすべきだと思います」と言えるかどうかが重要です。
もし材料となる情報がない場合は、直感でも構わない。「まだ情報は揃っていませんが、私の直感ではこちらがいいと思います」でもいい。とにかく意思表示をすることに意味があるのです。

柳川　それが上司の意見と違っていても、楯突くことにはならないのですね？

木村　なりません。「自分はこう考えている」と言う意思表示そのものが、その上司にとっては重要な判断材料になるので、むしろ意見を言ってくれる部下は非常にありがたいはずです。

　管理職の最大の強みは、現場を知っていることです。現場の最前線に立っているので、経営層や役員たちよりも間近で見られる。現場については、管理職の方が見えている情報の解像度は高いのです。だから「現場では今こんなことが起こっているので、私はこう考えます」と言えれば、上を説得できるし、戦うこともできる。**現場を知っていることは、管理職が上を動かすための最強の武器になるのです。**

柳川　現場で起こっていることを確たる証拠として示せば、上司も納得せざるを得ない。単なる意見の違いで楯突いているのとはまったく違いますね。

図6

経営層が見えている範囲、現場で見える範囲

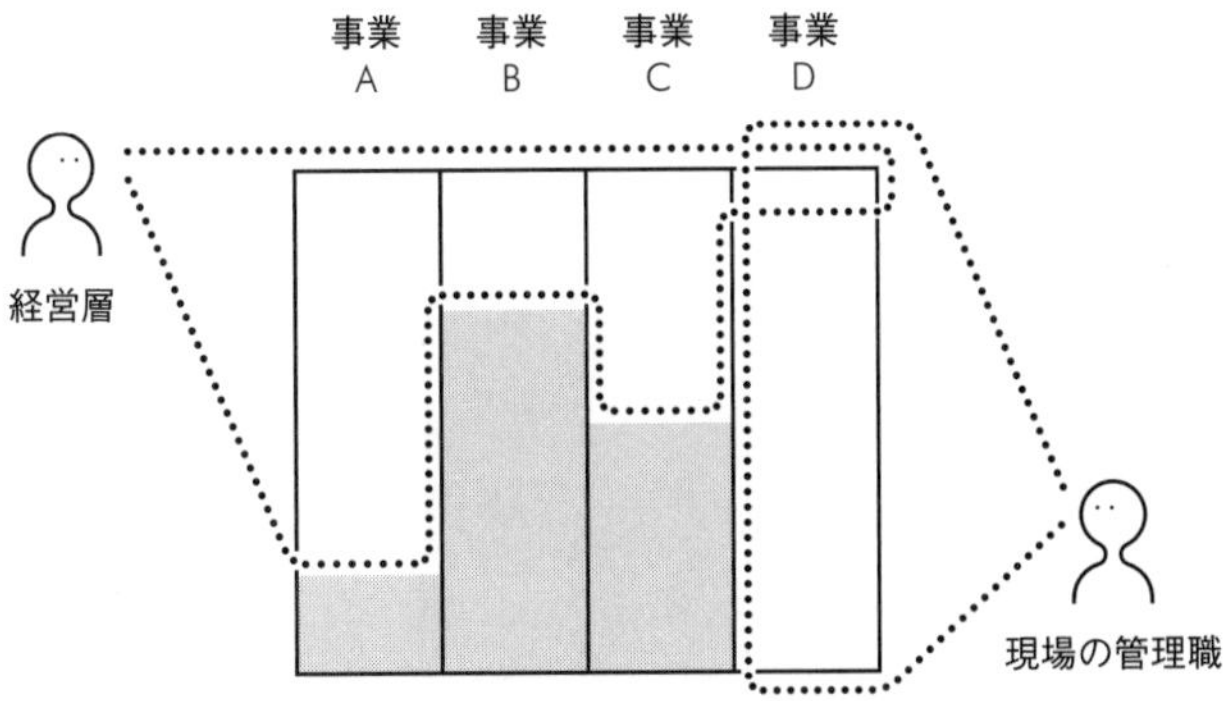

木村　むしろ上司が正しい判断をするためには、管理職が質の高い情報を上げることが必須です。上のポジションにいる人たちは、下の人より広い空間軸と長い時間軸で会社を見ています。経営トップならすべての事業とエリアに万遍なく目配せしているし、今年や来年だけでなく、5年後や10年後のこともそれなりに見えている。

ただ、顧客や競合の生の情報、つまり一次情報として見えている範囲は、全体のうち半分もありません。そこを補完できるのは、現場を知る管理職だけです。だから一方的なトップダウンでもボトムアップでもなく、上と下をつないだ「トップダウン&ボトムアップ」とでもいうべき意思決定を目指すべきです。

変化の兆候は常に現場に表れる

柳川　学問における組織論では、トップが強力なリーダーシップによって意思決定すべきだという結論になりがちですが、もともとの成り立ちがボトムアップ型の日本企業にそれを当てはめるのは現実的ではありません。ですから木村さんがおっしゃるように、現場が持っている情報と下の人間が本来持っている「決める力」を活かしていくのは、日本の組織を改革する有効な手段になると思います。

そもそも環境の変化が激しい時代には、上が全部決めて、その決定を下へ順番に伝えていくという構造はうまくいきにくい。とくに組織が大きい場合は、上の命令が下に到達する頃には時間が経ってしまい、現場の状況はすでに変わっていることが多い。

ですから完全なるトップダウンではなく、現場の意思決定力を活かしていく方がこれからの時代には合っている。**一人ひとりの管理職が決める、あるいは部長間連携によるネットワークに現場の意思決定を集約させて、それをトップに上げて決めさせるのが日本の組織における現実的な意思決定モデルになるでしょう。**

木村　トップが持つ情報だけでも、大きな答えを出すことはできます。情報の解像度が低くても、広い空間軸と長い時間軸を掛け合わせれば、方向性は見えてくる。

例えば今なら、自動車の分野はＭａａＳ（Mobility as a Service）という大きな変化の波が押し寄せていて、トップの人たちも自分たちが単独では生き残れないことは当然わかっています。だからそこまでは判断がつくのですが、では誰と手を組むのか、手を組むとしたら具体的にどんな段取りで進めるのかといった議論になると、下から解像度の高い情報を上げてもらうことが必要になる。その段階にきたら、トップが意思決定できるように下がお膳立てしてあげなくてはいけません。

柳川　最終的に決めるのはトップだとしても、管理職は情報を上げることで意思決定に関与できるということですね。

木村　**今の話とは逆説的になりますが、「10年後に自分の事業がなくなるかもしれない」と最初に気づくのは、長い時間軸で物事を見ている上の人間ではなく、現場にいる管理職です。**変化の兆候を捉えられるのは、現場を高い解像度で見ている人間だけですから。だからこそ、管理職がなるべく早い段階でその情報を上に伝えなくてはいけない。経営に関わる意思決定はトップに委ねざるを得ませんが、現場を預かる管理職が果たせる役割は、実は非常に大きいのです。

柳川　自分が把握した重要な情報を使って、いかに上を動かしていけるか。その能力がこれからの管理職には問われそうです。

捨てられる思考④

リスクを減らすのが自分の仕事だ

Chapter 4

「リスク」が悪者にされる心理学的な理由

木村　以前、私が事業開発の支援をした会社でこんなことがありました。ある事業部に関する事案をメンバーの方たちが苦労して準備を進め、ようやく上に提案できる段階になったので、事業部のトップである本部長に役員会議にかけてほしいとお願いしたら、その本部長が真っ赤になって怒り出したのです。「そんなことをして失敗したらどうするんだ。そのリスクを俺にとれというのか！」と。

これは典型的な事例ですが、日本の管理職はとにかくリスクを嫌います。**リスクをとった結果、もし失敗したら自分が責任を負わなくてはいけない。それだけは避けたいと考えるのです。**

柳川　上の人間が責任をとりたくないからと、下が進めていたことをひっくり返すパターンは、どの組織でもありがちですね。

木村　日本の大企業で新規事業がなかなか立ち上がらないのも、同じ理由です。要するに、失敗を許容する文化がない。とくに順調に出世街道を歩んできた人ほど、新規事業をやるインセンティブがありません。失敗したらキャリアにバツがついてしまうわけですからね。だったら新しいことなどやらず、今までの延長線上から外れないように王道を歩み続けた方がいいと考えます。

この手のタイプは頭がいいので、会社から新規事業をやれと言われても、牛歩戦術をとっていつの間にかうやむやにするか、もしくはやるべきではないそれらしい理由付けをして上を納得させてしまうんです。そして自分はまた出世街道という安全地帯に戻っていく。

柳川　もともと人間の根幹には現状維持バイアスがあり、本当なら動くべき場面でも「このままでいいじゃないか」と思いがちな心理的傾向があります。新規事業から逃げる人も、「行動することはリスクで、現状維持がリスクフリーである」と考えているのでしょう。

木村　ファイナンス理論になぞらえても、やはり人間はダウンサイドリスクを嫌う傾向があります。

例えば2軒のお店があって、A店は100人につき1人の割合でレシートにアタリが出て、その人は10万円がもらえる。B店は100人中99人が1万円のキャッシュバックがもらえますが、レシートにハズレが出た1人だけはお店に90万円を払わなくてはいけない。この場合、人間がどちらを嫌がるかといえば、後者です。

統計学的に見れば両方とも全体で見た場合の期待値はほぼ同じですが、リスクがダウンサイドに振れていると人間はそれを忌み嫌う。つまり自分に跳ね返ってくる損失が大きいほど、その状態を避けたいと考えます。

先ほどの部長や新規事業をやりたがらないケースも、失敗したときに自分が被る損失が大きいと考えるから、リスクをとりたがらないわけです。

「成果」と「能力」を切り分けて評価すべき

柳川　組織においてリスクテイクと人事評価は密接に関連していますから、そこはなかなか難しい問題です。日本でも成果主義を導入する企業は増えましたが、リスクをとって失敗したら成果が出ないので、評価もされない。単純にその人の業績が上がったら評価する、下がったら評価しないという形では、どうしてもリスクはとりにくくなります。

とくに出世街道を走っているようなエリートほど、ダウンサイドリスクが大きくなるのでそれを避けたがる。**だから成果主義を導入した会社は、かえって働く人たちが保守的になってしまうという現象が起こります。**

よって単に制度を変えればいいという話ではなく、その制度をどう運用するか、そして働く人たちのマインドをどう変えていくかを考えなければいけないでしょう。


木村　この課題を解決するには、人を評価するときに「成果」と「能力」をきちんと切り分けることが出発点になります。

例えばリスクをとって新規事業にチャレンジした結果、失敗したとします。そうすると、パフォーマンスは上げていないので、「成果」についての評価は低いかもしれない。ただし新規事業を立ち上げる過程において、投資について勉強したり、外部と提携するために様々なプレイヤーと接触する中で交渉力が身についたりと、失敗から多くのことを学んだとしたら、「能力」の評価は上がるかもしれない。

その場合、「成果は出ていないから今年のボーナスは少ないが、この1年で大きく成長したのでランクは2つ上がる」と評価ができれば、リスクをとることにインセンティブが生まれます。

図7

成果と能力を分けて考える

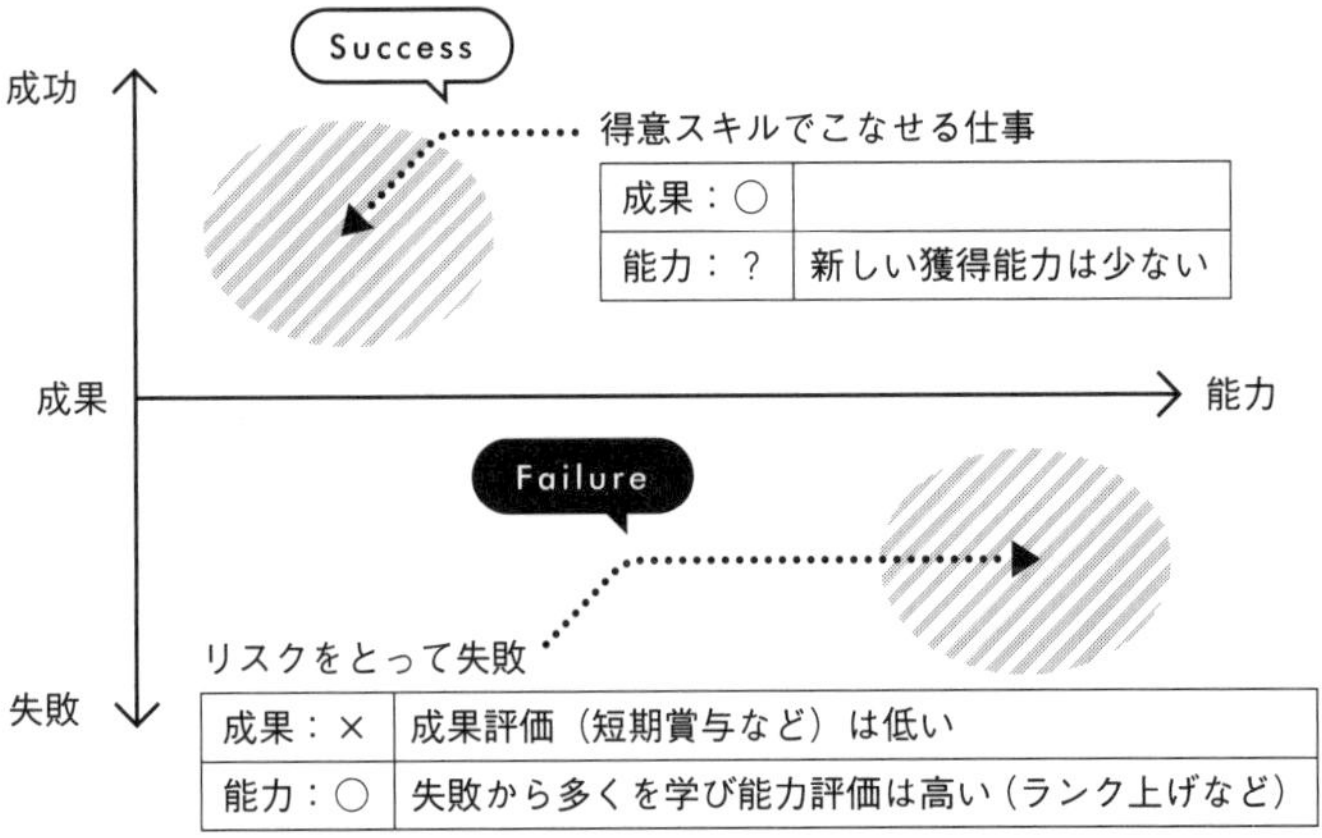

柳川　これは非常に重要な指摘です。**その切り分けをしないと、逆に「失敗はしたが、あいつはよく頑張ったからいいじゃないか」という話になって、上司が自分にとって可愛い部下や扱いやすい部下を恣意的に高く評価することも可能になります。**

　成果主義が導入された背景には、こうした好き嫌いや社内政治的なパワーバランスによって評価がゆがまないようにする意味合いがあったはずですが、実際はその人の業績のごく一部だけを評価する不完全な形で運用されている。これは大きな問題です。

木村　成果と能力を切り分けないと、自分が得意な安全地帯の仕事しかしなくなるので、その人の能力が向上しないというデメリットも生じます。特定の領域の専門性は確立されたとしても、経験の幅を広げたり、経営的な視点を養ったりといった、それ以外の能力を磨くチャンスは失われてしまうでしょう。

本来は、組織の中に「ボーナスはたくさんもらうが、昇進しない人」や「ボーナスは低いが、能力を高めて昇進する人」がどちらもいていいはずです。

ところが現在の成果主義は、成果と能力が一緒になっているために、「ボーナスが高く、昇進もする人」という成功モデルしかない。やはりこの2つを切り分けないと、「評価は高いが、実は能力が高くない人」を会社が多数抱えることになってしまいます。

もう1つ大切なことを申し上げると、オペレーショナルな改善テーマが中心の経営環境においては、何をやるべきかの正解があった、そしてそれらを全部できたら100点、できなかったらそこから減点されていくという、減点主義の評価が中心でした。今日においても、日本の多くの企業の評価体系は減点評価法が中心だから、成功にリスクの伴うものは誰もやりたがらないということが起こります。

一方でストラテジックな経営環境下においては、果敢にリスクをとることが求められるし、その代わりに全問正解は難しい。**つまりリスクテイクしたことへの評価、失敗した場合の減点より、うまく行った場合の加点を思い切り付けてあげる、そういった方向に舵を切らない限り、リスク選好度の低い組織・リーダーは変わらないでしょう。**

王道から外れた経験をした人が重用される

柳川　日本の組織にはリスクをとらない人が出世しやすい構造がある一方で、王道から外れた人が経営トップに上ってくるケースもありますね。

木村　ええ、例えば日立製作所の川村隆元会長や良品計画の松井忠三元会長はともに名経営者として知られますが、お二方とも子会社に出された経歴を持つことでもわかるように、保守本流のエリート街道ではなく傍流を歩んできた人物です。それがなぜ組織のトップに選ばれたかと言うと、事業の撤退戦や子会社の再建などのリスクを伴うミッションを経験してきたからです。

川村氏も松井氏も、社長に就任したのは会社が危機的状況に陥ったタイミングでした。経営が安定している時期なら、連続的な世界観の中で成果を積み上げてきた保守本流のエリートがトップになっても、その状態を維持できるでしょう。**でも、明日は会社がどうなるかわからないという局面においては、非連続的な体験をした人がリーダーに向いています。**決まったルートを巡航運転するのか、まったく先が見えない霧の中で生きるか死ぬかの判断の連続を迫られるのか。それくらいの違いがあるのですから、後者は修羅場をくぐり抜けてきた人でないと難しい。会社側もそう判断してお二方のような人材を抜擢したのだと考えられます。逆に言えば、日立や無印良品の経営が順調な局面だったら、トップになっていなかったかもしれません。

柳川　日本は成果と能力を一次元で評価しがちなので、「できる人はどんなときでもできる、ダメな人はどんなときでもダメ」という結論になりやすい。でも本来は、その人が能力を発揮できるかどうかは、扱う領域やシチュエーションによって変わるはずです。

今のお話は、平時に能力を発揮できる人もいれば、非常時に能力を発揮できる人もいるということであり、「どちらの能力が高いか」という一軸で判断してはいけないということでしょう。日立や良品計画のような事例が出てきたのは、その点を日本企業も少しずつ意識し始めたということでしょうか。

木村　経営者の選び方が変化したのは、失われた20年が過ぎた頃からです。バブルまでは平常の巡航モードで進んできましたが、その後の20年でどの企業も辛酸を舐めました。その経験から、今までのやり方ではダメだと一部の企業が気づき始めた。経営者だけではなく、組織の中核を担う管理職も巡航モードに強い人ばかりではいけないと考える企業が増えています。

多くの企業がリーダーシップ育成プログラムを導入しているのも、危機的状況に強い管理職を増やそうとしているからです。大企業の場合なら、管理職になって間もない40代の頃から事業の立て直しや困難なプロジェクトにアサインする。たとえそこで目に見える成果が出なくても、もがき苦しみながら王道ではできない体験をすることで、能力は確実に上がっていきます。そして、その中から勝ち残った人を将来の経営トップに育てていく。これが近年の人材育成における大きなムーブメントです。

川村氏や松井氏のように、社内にたまたま修羅場を経験した人がいたという偶然に頼るのではなく、組織の中にたくさんの非連続的体験を持つ人材を意識的に作る。そんな方向へと日本企業もシフトしつつあります。

失敗しても、また戻ってこられる

柳川　とはいえ、いまだに成果しか評価せず、リスクをとって失敗すると評価が下がる日本企業は多いはずです。そんな組織にいる管理職でも、勇気を持ってリスクをとるべきだとお考えですか。

木村　これは私が長年にわたり、多くの大企業の経営支援をしてきた体感値ですが、真面目にリスクをとって失敗した人は、何年か干されたとしても、また呼び戻されることが多いんです。

結局そうやってリスクをとれる人が会社の中に少ないので、会社の業績が低迷したり、組織の再編が必要になったりして非連続の局面が訪れると、経営陣や人事の間で「そう言えばあいつ、今どこで何をやっているんだ？」という会話が必ずと言っていいほど出る。それで結局、「ここはあいつに任せてみよう」という結論になり、もといた頃より高いポジションで呼び戻されるケースを数多く見てきました。

もちろん、あくまでも〝真面目に〟リスクをとった人ですよ。単にやり方がまずかったとか、保身に走って失敗したとかではなく、誠実かつ果敢にトライしてその結果が失敗に終わっただけなら、いつか名誉回復のときはやってくる。私はそう思います。

柳川　管理職も全社的な目線を持つべきだという話がありましたが、ここでもその視点が必要になりそうです。目の前にリスクを伴う仕事があり、自部門や個人の目線で見れば自分の出世や利益にはつながりそうにない。でも全社的な目線で見ると、この仕事をやった方が会社の利益になる。そう判断したなら、リスクをとるという意思決定をすべきでしょう。

木村　おっしゃる通りで、管理職は目先のことだけで判断すべきではない。**とくに短期的なパフォーマンスの低下におどおどしないことが大事です。**新しいことを始めたり、今までのやり方を変えたりすると、短期的には売り上げや効率が落ちたりして成果が下がります。するとその決断をしたリーダーは、一瞬ヒヤッとするわけです。しかも現場や部下からは「前のやり方の方がよかった」という声が必ず上がる。それにどこまで耐えられるかです。

柳川　どうしても短期的な成果が先に跳ね返ってきますから、そこで全社的かつ長期的な目線をいかに維持するかですね。

クビを恐れずリスクをとった中国人

木村　中国人の友人が、1年ほど前に日本企業の中国事業の総責任者になりました。中国拠点のトップと言っても、ヘッドクオーターは日本にあるので、グローバルで見れば彼は中間管理職です。

事業自体は小売業だったのですが、その友人は着任して間もなく、ロジスティクス（＝在庫管理と配送網）の一大改革に取りかかりました。現場を見て、この拠点が抱える問題のボトルネックがそこにあると確信したからです。

とはいえ、小売業においてロジスティクスはオペレーションの生命線だったので、そこを一気に変えたことで半年ほどは現場がズタズタになったそうです。現場は回らないし、売り上げは下がる。当然、下からは突き上げをくらうし、本社からはどうなっているんだと叱咤される。彼自身も、相当ヒヤヒヤしたと言っていました。

でも友人には、この拠点の収益性を上げるには、オペレーションをドラスティックに変えるしかないという信念があった。だからリスクをとって改革に取り組んだのです。そして半年を過ぎた頃からオペレーションが回り始めて、売り上げや効率も急速に伸びていきました。

柳川　短期的な損失に耐えて、長期的に見て大きな利益を得る。まさに全社的な経営目線です。

木村　本当によくやりきったと感心します。**ここまでやって結果が出なければ、間違いなく拠点長はクビですから。それでも彼はリスクをとった。**彼の姿は、今の時代に必要とされる管理職像を体現しているように思えます。

「リスク」という思考停止ワードにだまされるな

柳川　そもそも日本では、「リスク」という言葉がかなり曖昧に使われているように感じます。経済学では「不確実性」という意味で使われますが、通常使われる場合、単に情報や知識が不足しているから不確実なように思えるだけというケースもよくあります。その場合、必要な情報や知識を入手できれば、リスクはリスクでなくなるわけです。ですから、なんでもかんでもリスクという言葉で十把一絡げにしない方がいいんじゃないでしょうか。

木村　要するに、合理的な思考プロセスができるかどうかですね。目の前の問いはどこに論点があり、何がわからなくて、何がわかっているのか。わからない部分があるなら、それはなぜか。情報がないからわからないのか、あるいは現時点では自分たちが主体的に動けないので第三者に判断を依拠せざるを得ないからか。

そういったところまで要素分解して、今この問いを解くとどれくらいの確度になるのかを分析した上で、それをやるべきかどうか合理的な答えを出す。**こうした戦略的な思考ができないと、「リスクがある」というひと言ですべてがストップしてしまいます。**

よく「俺の経験からすると、これはリスクが高いからやめておけ」ともっともらしいことを言う人がいますが、まったくもって合理的ではありません。「リスク」って実は思考停止ワードなんですよ。

柳川　その結果、逆にリスクが高まることも少なくありません。リスクをとらず何もしないことが、実は一番リスクの高い行動になるということはよくあります。

ベンチャー企業なら、新しいことをやらないのがリスクだと考えて、仕事のやり方や組織の仕組みを日々変えていくのが当たり前です。ところが大企業では現状維持バイアスによるゆがみが発生しやすく、何もせずこのままでいることが最もリスクが低いと全員が考えている。その判断が正しかったのは進むべき方向が決まっていた時代の話で、現在のように次々と環境が変わる時代には、逆に落とし穴にはまることになってしまいます。

もはや今の時代は現状維持がリスクフリーにならないことを、どの企業も認識すべきではないでしょうか。

捨てられる思考⑤

結局、会社にしがみついた方がいい

Chapter 5

「クビにするならしてみろ」

柳川　ここまで私たちは「捨てられる管理職」について語ってきたわけですが、最後に逆説的なことを言うと、別に会社には捨てられてもいいじゃないかと思うんです。社会全体から必要とされない、つまり時代に捨てられる管理職では困りますが、むしろこれからの時代は、「今いる会社に捨てられてもいい」というくらいの覚悟で仕事に取り組む人が生き残るはずです。

木村　つまり「会社にしがみつかない人」になれということですね。そこは私も同感です。「会社に捨てられたくない」と思っていると、結局は昭和の時代と同じく、会社や上司にとって覚えめでたき人になろうとしてしまう。自分の意思を持たず、上に言われたことをそのままやるだけの管理職で終わってしまいます。

自分の信念を貫いて、「クビにするならしてみろ。俺はどこでも生きていけるんだ」というくらいの突っ張った部分がないと、昭和的な組織に飲まれてしまうでしょう。

柳川　ですから新時代の管理職へとアップデートするには、捨てられる勇気を持つ必要があります。ただし、これはあくまで「やめる覚悟を持つ」という意味であって、実際に会社をやめろと言っているのではありません。**むしろ、「今の会社で活躍するために、やめる覚悟を持つ」というのが正しい姿勢だと考えます。**

ゲーム理論には、「スレットポイント（威嚇点）」という概念があります。交渉がまとまったときにどれだけのメリットを獲得できるか、あるいは交渉が決裂したときにどれだけ損をしないか。それが決まる基準点のことです。スレットポイントを高く設定できるほど、自分が優位な立場で交渉に臨めます。

これを会社と個人の関係に当てはめると、会社にしがみつこうとする人はスレットポイントが非常に低い状態です。「自分はここを出たらやっていけない」と考えるので、自分には交渉における優位性がほとんどなく、会社の言いなりになってしまう。

一方、「ここをやめても別の場所でやっていける」と考える人は、スレットポイントが高い状態です。だから会社に対して反対意見を言ったり、失敗を恐れず大胆なことができたりする。つまりやめる覚悟を持つことで、今の会社における自分の優位性を保ちながら、上の顔色をうかがうことなく実力を発揮できるわけです。

木村　それで成果を出せば、会社もその人を高く評価するので、やめずに活躍し続けることができる。**捨てられる勇気を持つと、結果的に捨てられない人材になるというのは興味深い点です。**

会社にしがみつかず、事業にしがみつけ

木村　ではどうすれば捨てられる勇気を持てるかというと、1人のプロフェッショナルとしてどこでも通用するスキルや能力を身につけるしかありません。経歴を聞かれて会社名と役職名しか答えられない人材では、外の世界では通用しない。

会社をやめるつもりはなくても、転職エージェントなどを使って「自分が転職するとしたら仕事はあるのか」「人材市場における自分の価値はどれくらいか」などを第三者の目で客観的に判断してもらうといいでしょう。自分は立派な経歴を持っているつもりでも、それはあくまで今いる組織の中のポジションであって、外に出たときに必要とされるスキルや能力とは別物ですから。

柳川　経済学には「アウトサイドオプション」という概念もあって、他の選択肢をできる

だけ多く持つことで、やはり優位な立場で意思決定ができます。「今の会社にしがみつくしかない」と考える人は他の選択肢を持たないので、上司の評価が人生のすべてになってしまう。だから木村さんが言う「覚えめでたき人」になってしまうわけです。でも、今の会社をやめて別の場所で働く選択肢を持っている人は、必ずしも上司の評価がすべてではないと思えます。

ただ難しいのは、管理職であれば上司の評価を考慮しなければいけない場面もあるはずなんですね。管理職が見ているのは自部門の領域が中心ですが、上司にあたる役員や経営層はより広く長期的な視点で経営を見ているので、上司の判断に従うことが正しい選択になるケースもあります。ですから管理職がそこで誤った判断をしないためには、やはり自分自身でも全社的な目線を身につけることが必要になるのだろうと思うのですが、いかがですか。

木村　「会社」と「事業」は本来別物だと話しましたが、結局はこの2つを切り分けて考えられるかどうかでしょうね。**管理職として、「事業にしがみつく」のはアリだと思います。**自分たちの事業を成長させるためにはどうすべきかを純粋に考えるのは、管理職にとって大事なことです。

ただし、そこに「会社にしがみつく」という発想が加わると、判断がおかしくなってしまう。事業そのものの将来を考えれば、自部門を売却したり、子会社として別組織にした方がいい場合でも、「この会社の名のもとに事業をしなければならない」と考えてしまったりするわけです。

ですから、自部門の責任者の目線から「事業」を見つつ、一方では全社的な目線で「会社」を見る。これからの管理職には、2つの目線の使い分けがますます求められるようになるはずです。

「出世したい人」より「結果を出したい人」になれ

木村　私が大企業の部長クラスと仕事をしていて感じるのは、日本の管理職は2つのタイプにはっきりと分かれることです。その2つとは、「出世したい人」と「結果を出したい人」。この両者は、仕事をするときの行動がまったく異なります。

出世したい人は、常に上の顔色をうかがい、会社や上司の意向に沿って「コト」を進めようとします。一方の結果を出したい人は、「上が何と言おうと、成果を出すにはこうすべきだ」という意思を持っている。そして、私のような中立的立場の人間をうまく使ってくれるんです。

「うちの上司はこの提案に反対すると思いますが、何かいいやり方はありませんか」と相談に来たり、「あの役員に提案するなら、このタイミングでは早すぎるからもう少し待ってほしい」と的確な指示を出してくれたりする。確実に結果を出すには、どんな段取りでどう動くべきかを常に考え抜いているのです。

柳川　出世したい人よりも、結果を出したい人の方が、実は出世するチャンスは多いんじゃないでしょうか。これは理想論かもしれませんが、結果を出せばどこかで誰かが評価してくれて、たとえ今の会社で出世できなくても、別の場所で出世する確率はかなり高い気がします。

昔は出世といえば社内出世しか考えられませんでしたが、今は社外出世も十分あり得ます。外から見て、社内出世を目指してきた人と結果を出してきた人のどちらを採用したいかといえば、間違いなく後者でしょう。

木村　そもそも今は、出世したい人が出世できる時代ではありません。何度も語ってきたように、会社共同体の頃は上にとって覚えめでたき部下になれば出世できた。しかし現在は環境が変わって、実績や能力がない人にまで肩書きをやる余裕は企業側にもありません。

だからきちんと結果を出す人が評価されるようになっています。

「○○という会社で部長をやってました」の無意味さ

柳川　おそらく日本企業の中には、まだ覚えめでたき人を出世させるような昭和的な会社もあると思うんですね。その場合は、結果を出すために行動した人が上からにらまれるとか、仕事を干されるといったことがあるかもしれない。

ただ、本当に結果を出してきた人なら、二度と浮かび上がれないなんてことはほとんどないんじゃないか。たとえその会社では出世できなくても、この人手不足の時代に、結果を出せる人を欲しがる会社が他にまったく存在しないというのは考えにくいでしょう。

ですから干された理由が人間関係や上のやり方と合わないだけなら、日立製作所の川村氏のように会社の環境が変わればまた復活するチャンスがあるし、ましてや外へ出ればいくらでも活躍の場はある。それが今の時代です。

ですから今の会社で出世できないことを、まるで自分の職業人生の終わりのように考える必要はない。本当の問題は、「ここで干されたら終わりだ」と思って会社にしがみつくだけで、何も結果を出せずにいることでしょう。会社にしがみつくから、上の言いなりになるだけで結果を出せない。結果を出せないから、ますます会社にしがみつく。この悪循環をどう断ち切るかを考えるべきです。

木村　**40代以上の管理職世代なら、自分が転職のレジュメに何を書けるか考えてみてほしい。**「〇〇という会社で部長をやっていました」ではなく、「私はこんな結果を出してきました」と書けるか。それがないなら、自分はアウトサイドオプションを持たない人間だと自覚した方がいいでしょう。

私は転職の相談を受けることが多いのですが、日本の大企業に勤める人ほど、自分は転職できるのが当たり前と考えています。「誰もが知る会社で部長をやっているのだから、自分が行きたい会社に移れるよね」と本気で信じている。これも会社の看板で考えてしまっているんですね。

でも実際は、大企業の看板を背負っているだけの人より、中堅企業や勢いのあるベンチャーで結果を出してきた人を高く評価する会社は多い。本人も自分の実力を客観的に把握して「自分の能力を発揮するならこの会社が向いている」と冷静に判断しています。

柳川　やはりここはパラドックスになっていて、先ほど言ったように、やめる覚悟をしている人はそこで活躍できるのでやめずに済む。反対に、安易に転職をしようと考えがちな人は、結果を出していないので転職できない。そんな構造になっています。

会社にしがみつく人は、結果的に会社にも捨てられ、時代にも捨てられる。捨てられる勇気を持つ人は、会社にも時代にも捨てられず、どこでも生きていける。そんな価値観の転換を、すべての管理職が求められることになりそうです。

まとめ（1）

経営アジェンダの変化とリーダーの役割

木村尚敬

〝How〟から〝What〟へ、改良型から改革型へ

Part 1の議論のポイントは、バブル経済の崩壊を境として、日本企業を取り巻く市場・競争環境が劇的に変化し、経営に求められる「問い」が大きく変わってきたということでした。

右肩上がりの経済成長下においては、成長市場の果実を享受するために事業拡大を続けながら、日々連続的に〝より良くしていく〟という〝改善型〟の経営モデルが主体でした。経営におけるアジェンダは、いかに物事を〝より良く〟するかという、〝How〟から始まる問いであり、そうした問いに対して、いかに早く正解を導き出すかという競争でした。さらには、環境変化の時間軸が比較的長かったため、こうした解答を、時間をかけてクリアしていくというのが経営の基軸だったのです。

しかしながらバブル崩壊以降、こうした環境はドラスティックに変化していきます。その理由は大きく2つあり、市場の変化と技術の進化です。**市場の変化というのは、これまで市場を牽引してきた日米欧の市場に成熟感が出てくる一方、成長市場として勃興してきたのがアジア市場であるという事実が、これにあたります。**

つまり、日本企業にとって親和性の高かった市場から、そうではない市場に戦いの舞台が移ってきたことを意味し、結果として過去の延長線上の成長ではなく、これまでと違う非連続な戦い方、すなわち現状延長の拡大型経営ではなく、新たな何かを生み出す、賞味期限切れのセグメントは見直しをかけるといった新陳代謝を高速で行うこと、が求められるようになってきたという点です。

2つ目の技術の進化というのは、1990年代半ばから続くデジタリゼーションを指します。昨今の第四次産業革命という言葉にもある通り、AIやIoT、ビッグデータを活用しながら、こちらも既存の改良型ではない非連続なイノベーションを、どうやって生み出すのかというテーマといえるでしょう。

いずれの環境変化も、過去と比較して相当に短い時間軸の中で、連続ではない非連続な成長、つまり「どうやるのか」の前に、「何をやるのか」という〝What〟から始まる問い、つまり正解のない問いを立てる能力が求められるのです。

この、〝How（オペレーショナル・アジェンダ）〟から〝What（ストラテジック・アジェンダ）〟に大きく変わった経営アジェンダに、〝How〟を前提とした組織能力・リーダーシップ能力のままでは、〝What〟の問いに適応していくのが極めて難しいというのが、Part 1での大きなメッセージなのです。

求められるストラテジック・リーダーシップ

改善型経営に過剰適応した企業モデルが、〝ムラ〟型共同体です。それぞれのセグメントごとに拡大していった多くのムラが社内に存在し、連続的な改善を続ける上では、最前線をよく知る現場発のボトムアップ型の方が、トップダウンでバッサリというより、極めて相性が良いのです。

ボトムアップで効率的かつ連続的な成長を行っていく前提においては、異分子は必要なく、むしろ高い同質性を持ったチームの方が、最短でゴールにたどり着きやすい傾向にあります。ムラの長に必要とされる能力は、〝How〟の問いをいかに解いて実行していくかという、オペレーショナルリーダーシップ力でした。対談の中で触れている、〝管理〟を軸とした組織運営とはこのことを指します。

一方、「改善」の対義語で使っている「改革」というのは、〝変えて新しくする〟という意味です。**つまり、〝What〟の問い、「何をやるのか」の裏側には「何はやらないのか」という問いがセットとして存在します。換言すれば、改善型のように積み重ねるだけでなく、何かを取捨選択するということが求められてくるのです。**

こうした問いは、ボトムアップで積み重ねながら決めていこうとすると、なかなか決着しません。なぜなら取捨選択するということは、ムラ全員がハッピーになるケースは多くないからです。

こうしたケースでは、むしろリーダーがその方向性を指し示す、つまりストラテジック・リーダーシップ力が求められるようになります。また、正解のない中でその方向性を導くためには、同質的なモノの見方というより、多様なモノの見方ができる組織能力の方が望ましいといえます。このように、改善型の経営から改革型の経営にシフトする中、組織能力やリーダーシップ力も大きくシフトチェンジする必要があるということです。

抵抗する管理職のパターン

上記のリーダーシップ力のシフトチェンジについて、本書のタイトルである管理職に焦点をあてて、もう少し解説してみましょう。リーダーシップ力のシフトチェンジを、トップマネジメントだけではなく、管理職自身も行うことが必須という点です。管理職に代表されるミドルリーダーシップの重要性については、拙著『ダークサイド・スキル』の中で詳述しているのでご参照いただくとして、ここではそのエッセンスを改めて紹介したいと思います。

企業が歴史を積み重ね、その規模が大きくなるにつれ、経営トップ自らが自分の目で見わたせ、直接的に判断を下せる領域は、どんどん狭まります。自社の主力事業であったり出身母体であったりについては一次情報を持ちつつ熟知している反面、トップ自身も時間の制約があるので、その他のセグメントについては、現場から上がってくる二次情報をベースに判断せざるを得ないという状況になっていきます。

こうした中、捨てられる思考②「自部門に不利な決断はできない」で述べた通り、仮に管理職がファイティングポーズを崩さず、ネガティブな情報をぎりぎりまで伝えない

図8

改善型と改革型の違い

改善型のOS	⟷	改革型のOS
積み上げ・連続		引き算とかけ算・非連続
同質的文化		多様性・異質性
オペレーショナル・リーダー		ストラテジック・リーダー
減点主義（リスクはディスカウント）		加点主義（リスクテイク前提）

とすると何が起こるか、容易に想像がつくのではないでしょうか。問題が顕在化して大火事になってからでは、火消しをするのも大変なストレスがかかるし、極端な話、火消しすらままならないケースになってしまう事も起こり得ます。

これは柳川先生の言うところの現状維持バイアスにより、自己保身に走ってしまうケースですが、もう1つ管理職の抵抗として、ムラの存続（＝組織保身）があることも忘れてはなりません。

先日、某大手企業において、ある事業部門の抜本的な事業構造転換に立ち会いました。事業部門トップを中心に少数精鋭で改革骨子をまとめたのですが、目玉施策の1つが、垂直統合型のビジネスモデルから水平分業型へのシフト、ノンコア領域についてはアウトソース化を促進させて事業環境の変化に柔軟に対応できる事業構造を作ろうというものでした。この改革骨子が部門内に展開されると同時に、まず反旗を翻してきたのが各機能部門の長です。自分たちとしてはアウトソースはせず、引き続きフルスペック経営をやっていきたいので、事業構造転換ができない理由をもっともらしく並べ立てて反論してきたのです。

筆者はこの光景を過去幾度となく目の当たりにしてきましたが、理由の多くは本質的にできない類のものは少なく、ガチで実行しようとすれば何とかなるケースがほとんどです。

もちろん機能部門長の気持ちを察すると、それらを実行しなくてはならない責任者としての重圧や抵抗感は、心情的には十分に理解できます。しかしながらムラの長がムラ個別最適で突っ走る限り、改革型の経営は決して推進できなくなってしまうでしょう。**経済合理的な解と、ムラの長としての情緒的な思い、この2つに折り合いをつけて管理職自ら物事を決めていく・受け入れていくことこそ、現場を預かり最前線の兵站含めてよく見えている管理職にこそ求められる、ストラテジック・リーダーシップ力であると、筆者は考えます。**

組織力診断をやってみよう

それではここで、簡単な組織能力診断を行ってみましょう。縦軸をトップ層のリーダーシップ能力とし、「より改革型―より改善型」とします。横軸はミドル層のリーダーシップ能力とし、同じく「より改革型―より改善型」とし、4象限に分類していきます。

トップ改革型×ミドル改革型：変革型組織（筆者の体感値：全体の15％程度）

トップ層・ミドル層ともに、改革型のリーダーシップを兼ね備えた理想的な組織です。し

図9
組織能力診断

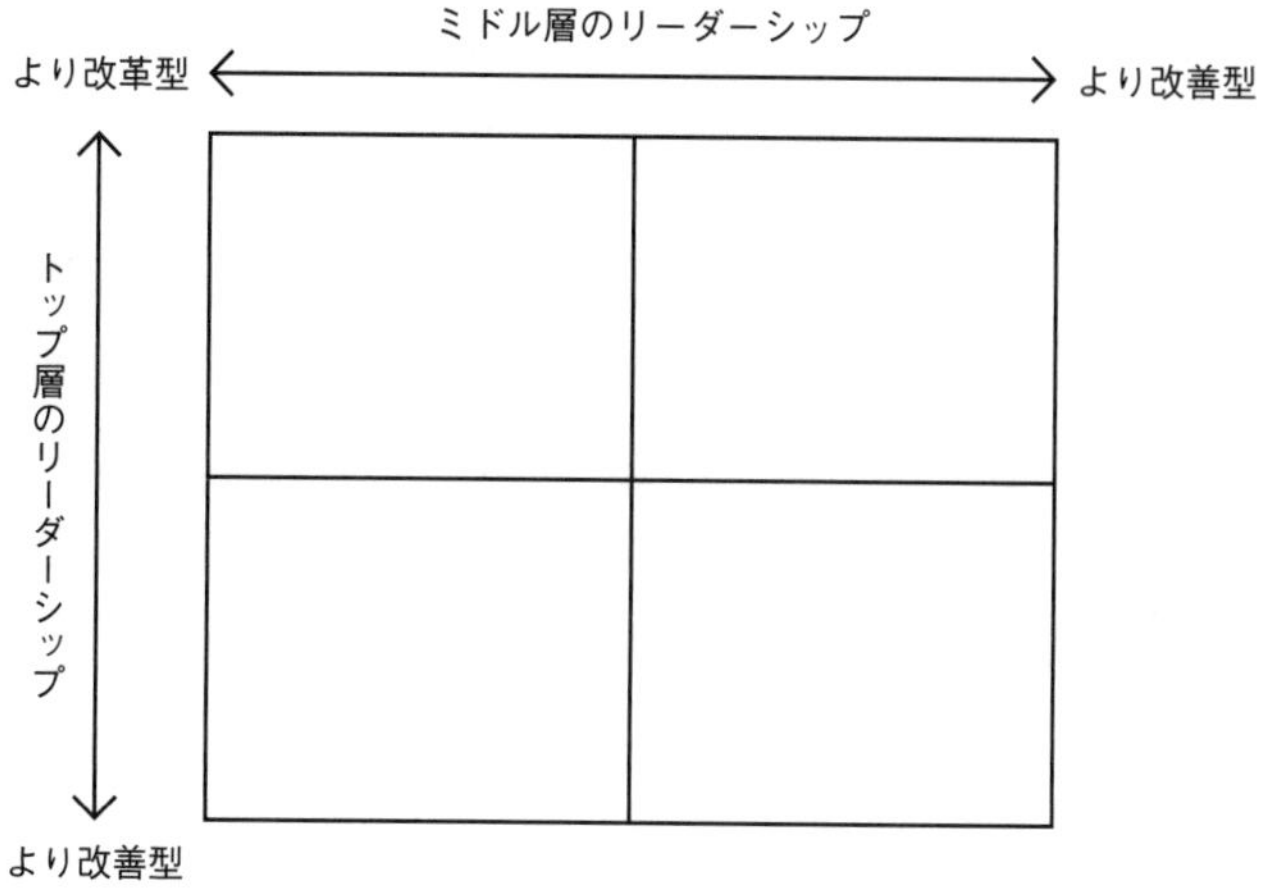
ミドル層のリーダーシップ
より改革型
より改善型
トップ層のリーダーシップ
より改善型

かしながら、実際のところ、こうした理想的な組織能力を兼ね備えた日本の企業は、あまり多くないというのが筆者の体感値です。

こうした組織は、それぞれの層のリーダーが不確実な中でも果敢にリスクをとりながら峻烈な意思決定を迅速に行うことができ、その基盤としての組織の多様性が担保されている状態にあります。こうした組織の管理職は、臆せず価値創出に邁進することができるのです。

もしあなたがこの組織の管理職であれば、大きな課題は次世代へのバトンの継承となるでしょう。あまりにも強いリーダーシップのため、ついつい長期政権になりがちです。長期政権自体を完全に否定するつもりはありませんが、ポートフォリオ経営だけでなく、組織全体にも健全な新陳代謝をどうやって利かせられるかがチャレンジとなってきます。

トップ改革型×ミドル改善型：粘土層型組織（筆者の体感値：全体の30％程度）

トップが笛吹けど、現場が踊らず、静かなる抵抗を示すパターンの組織です。実はかなりの確率で遭遇します。

前述の事例にある通り、改革プランをトップダウンでまとめたとしても、実行段階で現場の抵抗でなかなか物事が進まないケースが散見されます。最後はトップ層の強い意志によって押し切る形になることが多いのですが、そこに至る過程では丁寧なコミュニケーション、場合によっては強権発動も必要になるので、相当に負荷がかかる改革実行となります。この本でも警鐘を鳴らしている「時代に捨てられる管理職」の温床となっている組織といえるでしょう。

もしあなたがこの組織の管理職であれば、まず初めにトップから出てくる指示やその方向性について、できるだけ合理的・客観的に見るクセをつけることです。どうしても個別最適・現状延長バイアスがかかりやすいので、そこを打破することこそが最大のチャレンジでしょう。

トップ改善型×ミドル改革型：下剋上型組織（筆者の体感値：全体の5％程度）

改革派のミドルを擁すも、トップ層が頑として動かない組織です。ミドル層の方から、「私の上司はまったく改革意欲がなくて」というお話をよく耳にするが、個々の上司がそういったケースはあったとしても、トップ層全体がそうであるケースは案外と多くはなく、この組織に遭遇するケースはあまり多くはありません。

トップの意思決定のタイミングは遅く、中身のキレ味も悪い、その結果として最後には涙ながらの構造改革が待ち受けているパターン、そして優秀な若手層からやめていく可能性が高い組織です。

もしあなたがこの組織の管理職であれば、どうやって革命を起こすかを考えなければなりません。拙著『ダークサイド・スキル』で詳述しましたが、大きな組織ほど強い慣性の法則が働いているので、平時で革命を起こすのは非常に難しく、そのチャンスが来るまでは草の根運動を続けていくこと。確実に抵抗派になるであろう上司は、ダークサイド・スキルを駆使して、いかに飛び越えてその上空で意思決定を行えるのか、〝上司を思うように操る〟腕を磨くことこそ、チャンレンジとなるでしょう。

トップ改善型×ミドル改善型：昭和型組織（筆者の体感値：全体の50％程度）

トップ層・ミドル層ともに、昭和の経営を引きずっている組織ですが、なんだかんだいって半数近い会社が、まだこの組織能力であると感じています。

事業のポジショニングによってこの組織の命運は分かれます。仮にかなりニッチな領域で連続的な進化が続いている事業であれば、まだ昭和の経営でもなんとかなる時間がありますし。しかしながら、第四次産業革命やフルグローバル競争の波にのまれているとすると、事業存続可能な時間軸は極めて短くなってきていると言っても過言ではありません。要は、事業の存続に関しての自分たちのコントロール権が、著しく低い状態にあるということです。

図10
組織能力診断の結果

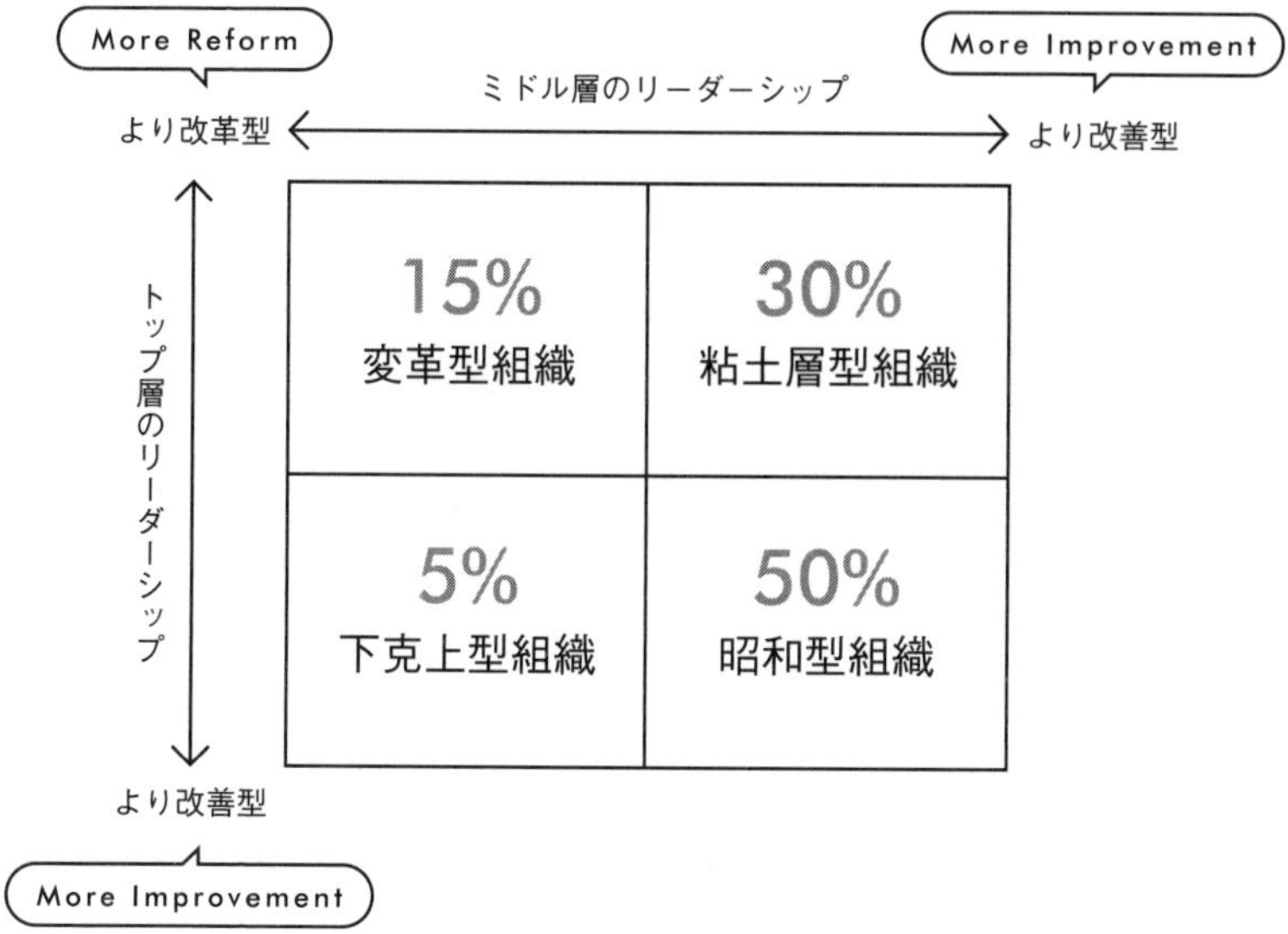

もしあなたがこの組織の管理職であれば、とにかく外圧を使うのが得策でしょう。ＫＹな中途社員をあらゆるレイヤーに入れる、社外取締役を活用するなど、社内に蔓延している同質化の空気を打破できるか、これが改革型へ変わる上でのチャレンジとなります。

マインドセットをアップデートする処方箋

締めくくりとして、マインドセットをアップデートするために、明日からできる取り組みについて述べていきましょう。最大のポイントは、〝ムラ〟視点から、〝事業〟視点・〝全体最適〟視点へのシフトチェンジです。そのために、次の3つのアクションを起こすことをお勧めします。

1．自部門の事業について、合理的・客観的に分析する

筆者が経営支援に携わる際、最初に行うのは事業そのものの診断です。事業の収益構造であったり、事業の特性、さらには市場・競争環境であったり、将来にわたりどのような

脅威が存在しているかといった、ビジネススクールの1年次で学ぶような極めて基礎的な点です。

こちらは経営プロフェッショナルとしてあくまで冷徹に見極めを行うのですが、時折会社側の人と意見が合わないときがあります。「木村さんの言うことはもっともだが、当社事業の場合は、特殊なケースで……」と反論されるのです。

例えば、事業の特性が規模の経済（事業規模が大きいほど収益性が高まる、つまり事業規模が大きくないと生き残れない）であるにもかかわらず、「当社独自のニッチセグメントがある」や「高付加価値化で差別化を図る」といった類のもので、カエサル言うところの「人は見たい現実しか見ない」そのものといえます。要は、現実をそのまま受け入れてしまうと自己否定につながってしまうので、どうにかそうならないよう詭弁をあれこれ使うケースです。

読者の皆さんにトライしていただきたいのは、その答えがどういう方向を示唆しようとも気にせず、まずは合理的・客観的に事業を分析してほしい、ということです。

2. 自部門の夢を描こう

冷静な自己分析ができた次は、それらをベースとして、自分たちの将来のあるべき姿、具体的には3年後にどうあっていたいか、ということを描いてください。注意すべき点は、現在から将来を見ないことです。改善的アプローチをとると、今あるべき状態からどうやって進化していくか、という目線になってしまうからです。

今回はこれと逆のアプローチ、つまり未来から現在へ引き戻す（バックキャスティングという）方法でトライしてください。

はじめに、自分たちが戦っているフィールドの10年後の世界がどうなっているかについて、発想を広げてみます。その次にその自分なりの世界観の中で、自分たちの事業がどういったポジションをとり戦っているのか、を描いてください。最後に、10年後にそこにたどり着くためには、何をしなくてはいけないか、その通過点としての3年後はどうなっていなくてはならないか、という思考の仕方です。

「10年後なんてどうなるかわからないよ」というのはその通りなのですが、これこそが戦略仮説思考そのものです。わからないなりに仮説を立て（＝自分たちなりの世界観を描き）、そこに向かってのロードマップを作り、実行展開する際には、仮説としての世界観がどう変化しているかをモニタリングし続け、大きく変わるようであればロードマップも更新していくというようなイメージです。

3. 社長就任演説をやろう

今から3カ月後、あなたは自社の社長になると想定しましょう。就任間もなく、社内の経営幹部に対して自分なりの経営方針について、所信表明演説を行うと設定した場合、あなたなら何を言うかを考えてみてください。

事業戦略や組織の運営方針について、大きく変えるところや変えないところ、新しく作ることややめること、この辺りをかなり具体的にイメージして言語化していきます。

聴衆は経営幹部のみなので、かなりドラスティックなことを話しても問題はないという想定です。さて、全体最適視点、さらには自分が社長に就任している10年間、さらにその先の将来世代のために何をすべきか、思いを馳せてもらいたいと思います。

この3つのアクションをきっちりと行うことで、改革型リーダーシップや全体最適×個別最適のWハット、そして自らポジションをとることの疑似体験はある程度できるのではないでしょうか。

ぜひマインドセットをアップデートして、Part 2のアクションのアップデートにつなげていってください。

まとめ（2）

「会社に縛られない」スキルを持って、自社で活躍する

柳川範之

冒頭でも述べたように、我々には心理的なバイアスがあり、これからの管理職には、それを突き破ってマインドセットを変えていくことが求められます。そのためにまず必要なことは、「そもそも、今までにない新しい役割が求められるようになったのだ」という自覚を持つこと、そして、そこにしっかりと意識を向けることでしょう。

対談では、そのための方策や視点が様々な角度から説明されていますが、ここではまとめに代えて、やや極端な視点を改めて提示してみたいと思います。

「会社を手放せ！」

それは、「会社を手放す」という視点です。もっと活躍しようと思っているのに手放せというのか！と憤慨されるかもしれませんが、現代の管理職が抱える課題の多くは、会社に対してあまりにも執着することから来ているのではないでしょうか。どんなことにもあてはまると思いますが、人は執着しすぎると、どうしても、それにしがみつく傾向があります。**今の管理職に求められているのは、会社への執着を捨て、その会社への執着を「手放す」マインドをいかに持てるかです。**

もちろん、愛着と執着の区別は難しいものです。会社が大事だと思う気持ちは、それだけ会社のため、仲間や部下のために努力をし、時間を費やしている表れでもあります。ですから、大事に思う組織のために、労力をかけること自体は、問題とされるべきものではありません。

しかし、その結果、この会社にずっといい続けたい、会社で評価され続けたい、という気持ちが強くなりすぎると、様々な弊害を引き起こしてしまいます。何とかしてここにいたい、という思いが強くなりすぎると、それが正常な判断を狂わせます。対談で語られている課題の多くは、実はそんな執着心に根差しているものが多いのではないでしょうか。

とはいえ、現実を見れば、そういう気持ちになるのが、当然な面があるのも事実です。家のローンを抱えている人も少なくないでしょうし、教育費等にもお金がかかる。今の会社をやめたとして、給与水準が維持できる会社に簡単に転職できる保証はない。何より長年培われてきた人間関係と縁を切り、まったく別の会社でうまく働く自信がない。執着したくてしているわけではないが、執着せざるを得ないのが実情だ、そう考える人も、きっと少なくないことでしょう。

だからこそ、マインドセットを変えることが重要なのです。実際に、今すぐ転職をしたり、会社をやめたりするのはなかなか難しいかもしれません。**しかし、シミュレーションとして、いざとなったら、どうしたら良いのか、転職をする必要が出てきた場合に何ができ**

きるのかをしっかり考えておく。それだけで、大きな武器になります。なぜなら、そのような対策を考えるマインドを持っておくことが、いざとなったときに「腹をくれる」かどうかの、大きな分かれ道になるからです。

目の前の仕事に全力を尽くす。ただし、それが保身やしがみつき、過度なリスク回避に陥らないようにするには、腹をくるべきときにはくくる必要があります。そして、それができるようにするには、むしろ、この会社だけ、この会社がすべてと思い込まない態勢を、自分自身で作っていく必要があるのです。

精神論ではなく、アクションが重要

ただし、ここで強調したいのは、単なる精神論ではなく、具体的なアクションを通じて、少しでもそのようなマインドセットに持っていくことの重要性です。たとえば、自分はもうどうなっても構わないという腹のくくり方をしようと言われても、実際にはそんな心持ちになるのは困難でしょう。むしろ具体的なアクションや対策をとることによって、会社に執着しないで済む状況を作る方が現実的ですし、効果的です。

それでは、具体的には、どうやって自社にこだわらない視点を獲得していけばよいのでしょうか。何をやっていけばよいのでしょうか。

最初の説明で、心理的バイアスの話をしました。多くの人が現状維持バイアスにとらわれている中で、自分だけそのバイアスから無縁でいることはなかなか難しいでしょう。しかし、そのバイアスを意識することはできます。**最初の重要なステップは、自分の意思決定が、そのようなバイアスにかなり影響されていることを認識することです。**

自分の意思決定が、あまりにも自社の中だけの閉じた発想になりがちであること、そこからしがみつきといった歪んだ意思決定をしがちであること等をしっかりと自己認識をすること、これが大切な最初のステップでしょう。

たとえ、その結果、具体的な意思決定が今までと大して代り映えのしないものであっても、あるいは大胆な決定に結びつかないものであっても、バイアスのかかった意思決定になっているという自己認識を持つことが、将来の意思決定をより良いものにしていくための、第一歩になるからです。

自分のスキルをより一般化することが大切

次のステップとしては、頭の中のシミュレーションで良いので、できるだけ外の目線で、自社や自部門を見ていくクセをつけることです。これは、自社にこだわらないマインドを持つ第一歩となります。なぜなら、ここにしか居場所がないのでは、と思っている人の多くが、「ここ」だけしか見ていないために、そういう心持ちになっている場合が少なくないからです。もう少し広い視野を持って、自分がやっていることを見つめるクセをつけることによって、余裕を持った判断ができるようになります。また、実際に、自部門の外から見た強み、そして、自分自身の対外的な強みを再発見することも可能になるでしょう。

加えて、後で詳しく述べるように、自分の部門を客観的に見ることにつながり、通常陥りがちな狭い目線を変えられるという意味で、意思決定そのものにプラスです。

さらに、次のステップとして重要なのは、よりほかでも通用する一般的なスキルを身につける工夫をしていくことです。自社内での生き残りや出世だけを考えるのではなく、他の企業や組織で働くことになった場合でも生き残れるスキルを身につけておくことは、しがみつく必要性を大きく減らします。

その結果として、今の企業での活動をより柔軟なものにし、組織にしがみつくのではなく、よりリスクをとる行動を可能にするでしょう。

ただし、このような工夫や努力を十分に行う時間的・精神的余裕がない人が少なくないのも事実でしょう。ですから、無理して行う必要はありません。しかし、自分のマインドセットをより有意義な方向に変えていくためには、できる範囲で良いので、自分のスキルをより一般的なものにする、あるいはより一般的なスキルを身につけていく姿勢が重要でしょう。

様々な角度からの「視点」を身につける

今までは、会社に執着しないマインドセットにするために、どのようなことを心がけたら良いかを説明してきました。しかし、これらの心がけや行動は、単にマインドセットを変えるためだけではなく、今いる部門や会社で、より一層活躍する上でも役立つものです。それは、これからの管理職に求められている能力が、まさにそういうマインドセットと大きく結びついているからです。

まず、先でも述べたように、他部署や他企業の活動に幅広く目を向けることにより、より柔軟な発想を身につけることができます。そして、それは視野を広げることに大きく役立つのです。

自分の部署だけに集中していると、どうしても他のところに目が向かなくなりがちです。もちろん、脇目もふらずに集中する必要がある場合もあるでしょう。しかし、対談でも出てきたように、これからの管理職に求められるのは、既存路線での正解を提示することではなく、新たな方向性を提示する能力です。**そうであれば、目の前のことだけに集中するのではなく、より多様なところに視野を広げる、そういう能力開発こそが有効です。**

そして、単に多様な視点を持つというだけではなく、部門内で起こっていることを全社的な目線で見る、社内で起こっていることを他社の目線あるいは投資家の目線で見るというように、周りで起きていることを、外部の目線で客観的に見るクセをつけることが、より有効になってきます。この点は、対談の後半部でも強調されるポイントです。

対談では、自分なりに考えている方向性を、部下にきちんと示すことが大事という話が出てきます。この自分なりの考えをしっかり持つためには、視野を広げることが必要であり、全社的な目線を持つことが重要なのです。そうでないと、単なる独りよがりの主張に陥りかねませんし、何より自分の主張に自信が持てず、部下を説得することが難しくなります。

さらには、過度にリスク回避的になるのでなく、積極的にリスクをとれる管理職という点が対談でも出てきます。このような管理職になるためには、心の持ちようだけではなく、リスクをとって良い結果が出なかったとしても、自分はそのあと活躍できるという自信がある程度ないと難しいのも事実でしょう。その自信を得るためには、やはり他社でも仕事ができる、他でも活躍できる能力を、できるだけ身につける努力も必要でしょう。

やや逆説的な言い方になりますが、他社でも活躍できる態勢を作っていくことが、自社で活躍でき、自社で評価される能力を高めていく重要なカギなのです。

2

アクションをアップデートせよ

Part

Introduction

Part 1では、マインドセットを変えることの大切さについて語ってきました。

ただし、それだけでは実際に何かが変わることはありません。マインドとともにアクションをアップデートしなければ、結果には結びつかないのです。

「痩せるぞ！」といくら強く思っても、食事を制限したり、運動したりといった行動が伴わなければ、体重が減らないのと同じことです。


だからこそ、アクションを変えることは、マインドセットを変える以上にハードルが高くなります。

アクションチェンジが難しい理由は、主に2つあります。

1つは、成功体験のワナです。

過去のやり方で成功を収めたからこそ管理職という今のポジションがあるので、それを変えることには大きな抵抗を感じます。

もう1つは、失敗への恐れです。

組織の中でポジションが上がるにつれて、失敗に対するリカバリーコストは上昇します。20代の頃は、仕事で失敗しても上司に注意される程度で済みました。しかし40代や50代になると、一度の失敗で事業において大きな損失を生んでしまったり、組織運営においてマイナスなインパクトを与えてしまうなど、その判断による影響は格段に大きくなっていきます。

結果として、その後のキャリア形成（組織内での昇進など）にもネガティブな結果を生んでしまう可能性も高まります。

その恐れが、新しいことにチャレンジしたり、今までのやり方を変えたりすることを阻害するわけです。

この2つの壁を乗り越えるには、どれだけリスクテイクできるかがカギになります。

「リスクを最小化したい」と考えると、「何も変えない方がいい」という結論になるか、もしくは現状を少し調整するくらいで終わってしまいます。

リスクを承知で行動する覚悟を持たない限り、結果は何も変わらないのです。

管理職にとっての「結果」は、3つあります。

1つ目が組織としての成果創出、2つ目が強いチームを作り自分の後継者を育成すること、3つ目が自分の成長です。そのどれもが、アクションチェンジを必要とします。

「出世したい人」ではなく「結果を出したい人」になり、さらには実際に「結果を出せる人」になるには、行動を変えることが不可欠であると断言しておきましょう。

Part2では、「生き残る管理職」になるには、どうアクションをアップデートすべきかをテーマとします。

今日から何か1つでも自分の行動を変えてみよう。あなたにそう思ってもらえるきっかけを提示できれば嬉しく思います。

木村尚敬

生き残る管理職への道①

20代・30代の友達を作れ

Chapter 6

「自力で勝てる領域」にとどまるな

木村 事業戦略における最近の重要なキーワードに、オープンイノベーションをいかに推進するかがあります。これまで日本企業の多くは、社内のリソースだけで事業を回す自前主義にこだわってきましたが、多様な技術革新や非連続の環境変化すべてに、自前で対応するやり方にはもはや限界が来ています。

例えば自動車業界にしても、自動運転の技術開発や次世代移動サービス「ＭａａＳ」を進めるには、ＡＩやＩｏＴなどの新しいテクノロジーを持ったプレイヤーと手を組むことが不可欠です。

ところが、日本の組織でオープンイノベーションがうまくいっているところはあまり多くないのが現状です。

柳川 何が阻害要因になっているとお考えですか。

木村 もちろん、色々な要因があります。**中でも、自分たちの立ち位置や進むべき方向を**

勘違いしているケースを、私はとくに問題視しています。

わかりやすく図で説明しましょう。

現在の事業には、過去の延長線上で連続的進化を続けていくものと、AIやIoTなど新しい技術を活用して非連続な進化、つまり今までにないことをやろうとするものと、大きく分けて2つのベクトルがあるとしましょう。これが縦軸ですね。

ここで横軸に競争環境をおいて、「競争が激しく生き残りが厳しい」「自社単独で生き残り可能」「他社との協業が必要」と3つに分けるとします。この**図11（1）**のように上段を隠して「皆さんの既存事業の競争環境はどこに位置付けられますか？」と講演等で質問をすると、多くの方が「競争が激

図11（1）

IoTを活かした事業進化

（1）自社事業を評価してください。

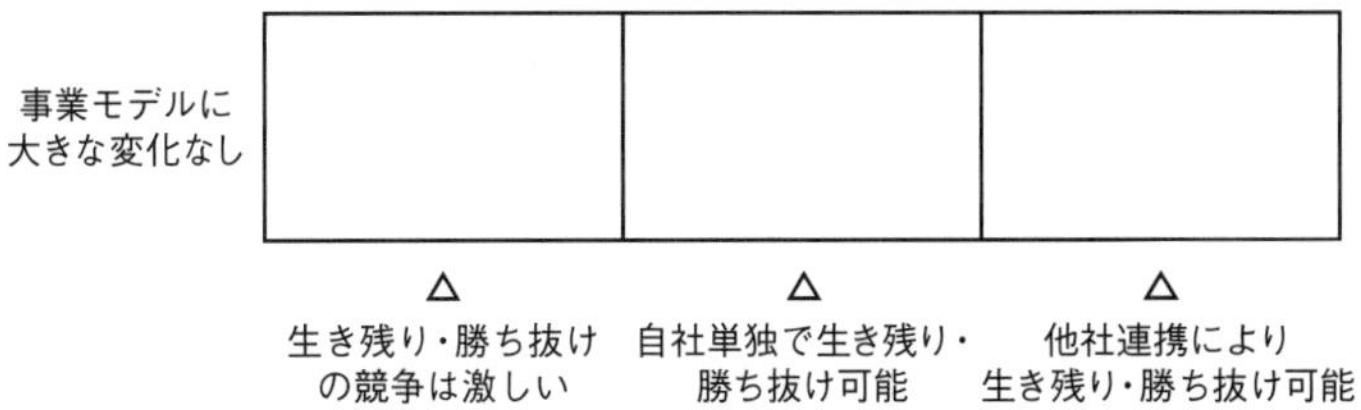

しく生き残りが厳しい」に手を挙げられます。

そこで次に**図11（2）**のように上段を見せて、「皆さんはどこの領域を狙っていきますか」と次の質問をします。新しい技術を活用して上段の新しい市場にシフトすること自体に皆さん異論はないのですが、やり方の選択肢としては2つあります。1つは自力で勝てる領域、もう1つは誰かと手を組めば勝てる領域です。

ここで大企業の多くは、自力で勝てる領域に行けると考えます。この図なら上段真ん中の領域ですね。でも、そこに大きな思い違いがあります。新しい技術で勝負する領域に行くのに、自社ですべてのリソースを賄うことなど限りなく不可能です。あのトヨタ自動車でさえ、自動運転の世界です

図11（2）

IoTを活かした事業進化

（2）自社事業を評価してください。

	△ 生き残り・勝ち抜けの競争は激しい	△ 自社単独で生き残り・勝ち抜け可能	△ 他社連携により生き残り・勝ち抜け可能
Ai ／ IoTにより事業モデルが進化／変化			
事業モデルに大きな変化なし			

べてを自社内で作るなんてできるはずがありません。

　ですから、目指す方向として正しいのは、誰かと手を組めば勝てる領域です。この図でいえば、**図11（3）**のように、一番右上へ移らなくてはいけない。

　ここでのポイントは、「手を組む」の意味合いで、軽いお見合い程度の「手を組む」ではなく、〝本気で〟手を組めるかどうかということです。

　多くの企業で、同業他社との業務提携や資本提携などを進めるケースもありますが、これらの新領域で勝ち組になろうとすると、もっと踏み込んだ事業統合なども必要になってくるケースだってたくさんあります。

　さらに、ＡＩやＩｏＴの領域でのエッジの利いた新技術を持っているのは、同業の既

図11（3）

IoTを活かした事業進化

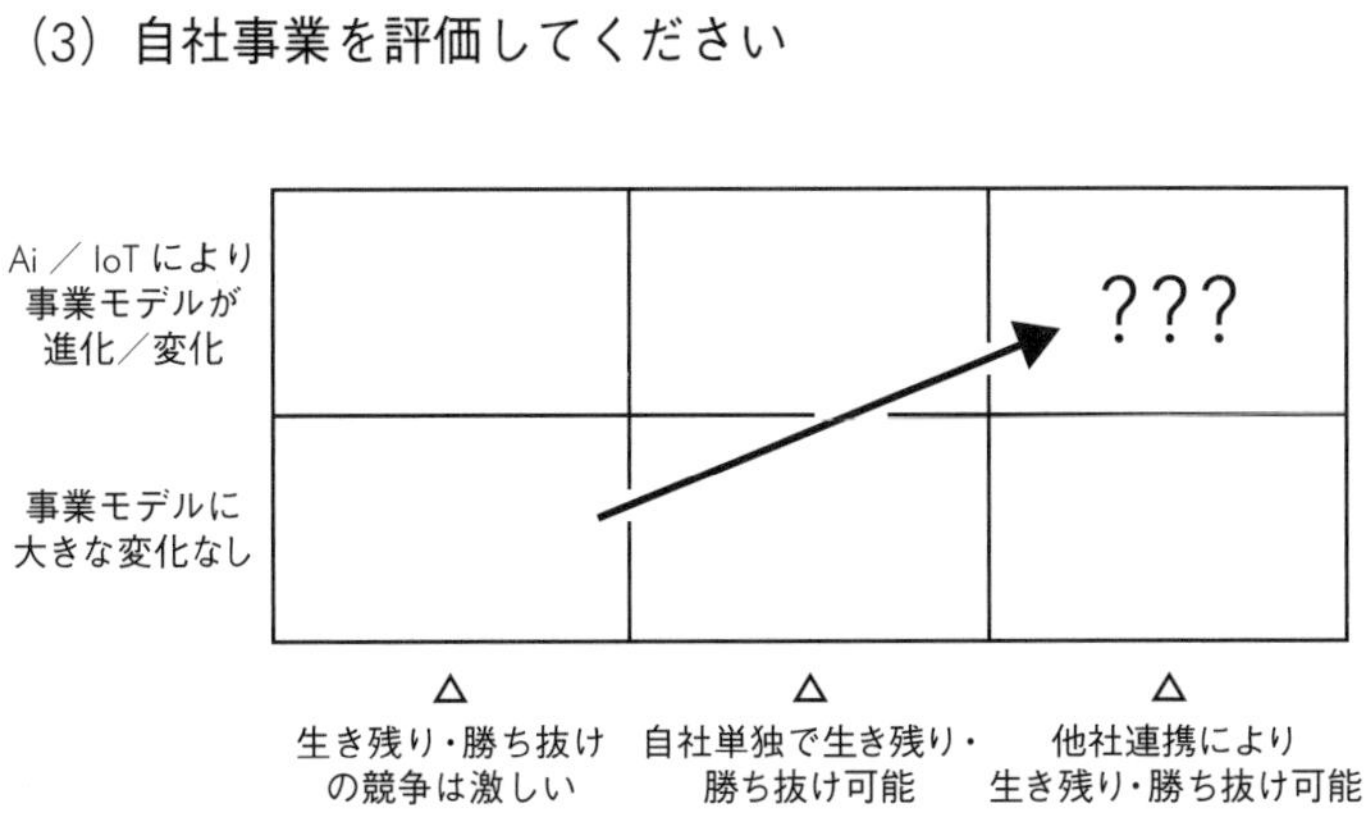

存プレイヤーというより、むしろこれまでまったく接点のなかった若い世代によるベンチャー企業ということも多いのが実態です。

つまり、状況によっては、自分たちが他社の傘下に入るような経営統合まで視野に入れるとか、あるいは若いベンチャーと対等な立場で提携した方がいいケースはいくらでもあるのですから。

柳川　なぜそうした思い違いが生じるのでしょう？

木村　私は、オープンイノベーションを「借り物競争」と意訳しています。つまり誰かと手を組めば勝てる領域に移るには、いったん自分たちには何が足りないかを自己認識する必要がある、仮に自分たちが取り組んでいた領域であっても、時にはそれらを自己否定しなくてはいけないからです。それが大きなハードルになる。

大企業であれば、それなりに社内のリソースは揃えています。ＡＩやＩｏＴにしても、すでに社内に研究チームを持っているところは多い。それにもかかわらず、外部のＡＩベンチャーと提携する、それも自分たちの配下で言うことをきかす、というのでなく対等な立場で事業開発を進めていくなんてことになったら、自社のＡＩチームを否定することになる。それが嫌なんですね。だから「自力で勝てる」と思い込もうとするのです。

しかしひと口にＡＩと言っても、例えば東大の松尾研究室のように世界最先端の研究をしているチームはなかなかないわけですから、ハイレベルな技術を活用して新領域でイノベーションを起こそうとするなら外部と手を〝本気で〟組むしかない。**ですから企業が新しい価値を生み出すには、自己否定から入るべきなのです。**

管理職がオープンイノベーションのカギを握っている

柳川　自己否定するには、おのれを冷徹に評価する視点が必要です。それはつまり、広い視野で物事を見て、相対的に自分たちがどれだけのパフォーマンスを上げられるかを考えるということです。

ここまでに全社的な視点を持つことの重要性がたびたび話に出ましたが、**今度は会社全体さえも相対化して考える必要があるということでしょう。**自社のこの部門は日本経済の中で相対的にどれだけの収益性があるか、他社の同じ部門に比べてどれだけの競争力があるか。そういったことを広い視野で俯瞰することが求められます。
これが自社や自部門といった狭い視点だけで考えてしまうと、「自分たちだけでいかに頑張っていくか」という発想にしかなりません。

木村　大企業が自己否定できるかどうかは、実はミドルクラスの管理職がカギを握っています。外部の組織と提携や買収合併をする場合、いきなりトップ交渉から始めることはまれで、多くは現場の人間がその検討プロセスを任されます。管理職レベルが情報を交換し合い、デューデリジェンス（査定）でターゲットを精査し、その結果をまとめたレポートをもとに経営トップが最終判断するのが一般的な手順です。
ところがレポートを作る段階で、どうしても「自力で勝てる」というバイアスがかかる。だから、「この技術なら社内でも研究しているので自分たちだけでやれる」「マネジメントチームの実力値は相当に未知数」といったような結論を誘導してしまう。よってトップも、「だったら無理に手を組む必要ないいか」と判断することになります。だから管理職が自己否定から入らないと、オープンイノベーションは進みません。

柳川　いわば「自社バイアス」のようなものですね。**どうしても「自分の会社ならできる」と思ってしまう。**日本の管理職は与えられたリソースをいかにマネジメントするかを考えてきたので、それ以外のリソースを利用して戦略的に新しいものを生み出すという発想が苦手なのかもしれません。

瞬時に意思決定できる「若造」にとまどう

木村　もう1つ問題なのは、「自分たちと違う文化を持つ人たちと組んで仕事をするのは面倒くさい」と考えている人が多いことです。とくに大企業とベンチャーが組む場合、両者の行動様式や価値観がまったく異なるので、大企業側の人たちが相手を受け入れられないケースはよくあります。こちらはスーツでずらりと並んでいるのに、自分の息子くらいの歳のベンチャー起業家がTシャツにジーンズみたいなラフな格好でやって来たら、「なんだこの若造は」と思うわけです。

だから大企業の部長クラスは、あからさまに相手を見下すモードになることが多い。これがシリコンバレー発のベンチャーで相手が欧米人だと、いきなりもみ手モードになる人もいるところが面白いんですけどね。この辺りは、海外赴任経験のある人の方が多様性に対する許容度が高いので、あまり問題にならないケースは多いですけどね。

柳川　大企業の人間は社内の論理や評価軸にどうしても縛られるので、社外の人間とコミュニケーションするときも自分たちの価値観を優先してしまうのでしょう。そこをどう変えていけるかも大きな課題になりますね。

木村　大企業の人間がベンチャー経営者に対して違和感を覚えるのは、なにも年齢だけが理由だけではありません。**最も認知的不協和を感じるのは、相手の意思決定の速さです。**

　私もそういう場面に何度も立ち会っていますが、ベンチャー側は20代の経営者が誰の判断も仰ぐことなく、一部の法的な複雑な問題を除く事柄についてその場で瞬時に意思決定する。だから「いったん持ち帰って社内で議論します」が当たり前の大企業側は、それだけでびっくりしてしまうのです。物事を決めるには段取りを踏み、根回しや調整などの長いプロセスを経て、最後は適当な落としどころを回答とするカルチャーに慣れきっていますから、とてつもない違和感があるんですね。

柳川　逆にベンチャー側から見ると、大企業の意思決定は遅すぎると感じるのではありませんか。

木村　そうなりますね。だからむしろベンチャー側が「こんな会社と組むのは面倒だ」と感じて、手を引くケースも出てきています。世界を席巻することを狙っている技術系ベンチャーは最初からグローバルで物事を考えていますから、「上から目線でやっかいなことばかり言う日本の大企業と組むくらいなら、欧米や中国の企業と組んだ方がよっぽどいい」と思うのは当然です。

ですから大企業がベンチャーを選ぶのではなく、実は大企業がベンチャーに選ばれる側になりつつあるという現実を認識した方がいい。このゲームチェンジに気づかない大企業は、これからかなり苦労するはずです。

社外の人との交流が自己否定のトレーニングになる

柳川　ミドル世代の管理職が自分の会社の価値観を離れるには、普段から異なる考えや多様なものの見方に触れることが必要ではないでしょうか。社内の人間関係だけで完結していると、その世界がすべてになってしまう。だから社外の人たちと交流する機会を作ることはとても大事なように思います。

木村　同感です。管理職世代と話していると、「社外の人とも付き合ってるよ」と言うのですが、よく聞くと相手はビジネス上の利害関係者ばかりです。取引先のお客さんやサプライヤーといった業務上の付き合いがある人ですね。でもその人たちは普段から一緒に仕事をして、同じ世界観の中で生きているのですから、社外と言っても考え方やものの見方には共通点が多い。つまり、会社の同僚と飲みに行くのと本質的には変わりません。

本当に交流すべきなのは、自分とは属性もバックグラウンドもまったく異なる相手です。働いている業界・業種や世代も違うし、場合によっては国籍も違う。そんな人たちとどれだけフラットに交流できるかです。とくに大企業の管理職は、20代や30代と交流した方がいい。そうすれば、仕事でベンチャーと組むときも、若い人たちを相手に、違和感を持つような態度はとらなくなります。

柳川　**それは単に人脈を広げるとか、名刺交換した人数を増やすという意味ではありませんよね。**自分とは異なる世界の人たちと話をすることで、「こんな考え方をする人もいるのだな」と気づきを与えてもらえるのが重要なポイントです。

木村　他人と話すことでしか得られない気づきはとても多いですね。私は仕事柄様々な会社の内部を見てきましたが、ある会社では常識とされていることが、他のある会社では非常識とされていることもたくさんある。私自身、「えっ、そんなことをやっているの？」と驚いた経験が何度もあります。

でもそこで何十年も働いている人は、それがおかしいとはまったく思っていない。新卒で入った若い世代もその世界観しか知らないので、それが当たり前になってしまう。私のような外部の人間が「それは世間一般では非常識ですよ」と指摘すると、ようやく「そうなのかもしれない」と気づくのですが。

柳川　人間は普段見ているものが固定化すると、発想も固定化します。しかも周囲の人間も同じように固定化しているので、「もしかしたらこのやり方はおかしいのでは」と疑問を持つことすらない。ですから、それに気づくための装置を一人ひとりが意図的に持っておくことは大変重要です。その装置となるのが、外の世界の人との会話というわけですね。

木村　自分の価値観がすべて正しいと思わず、ダウトな部分があるかもしれないという前提で色々な人と話をすること。それが自己否定のトレーニングになります。

出会った人との関係をすぐに仕事につなげてはいけない

木村　私自身も40代になった頃に外部と接する重要性に気づいて、多様な人たちが集まる場所へ積極的に出かけるようになりました。異分野の人たちと交流する機会は、待っていてもやってこない。自分から外へ出ていくしかありません。

その気になれば、外の世界の人と交流できるコミュニティはいくらでもあります。異業種交流会だったり、ビジネスパーソンが集まる勉強会や社会人塾だったり。だからそういう場にどんどん足を運びました。当然、平日の夜や週末のプライベートな時間を犠牲にすることになりましたが、それは自己投資だと割り切りました。

もちろん、なかにはハズレもあります。参加してみたものの、議論している内容はつまらないし、来ている人たちも面白くないなと感じることもある。でもこれは当たり前で、すべてが自分にマッチするわけがないのだから、地道にやっていくしかない。その積み重ねの中に良い出会いや学びが生まれるのであって、一発で素晴らしいものを手に入れる奇策なんてありません。

柳川　短期的な成果を求めない方がいいですね。**出会った人との関係をすぐに仕事につなげようとすると、結局は取引先との付き合いと変わらなくなってしまう。**長期的な視点を持って、とにかく色々な人と話すこと自体に価値があるのだと考えた方がいいでしょう。

木村　私も柳川先生と最初にお会いしてから、個人的に口をきいてもらえるようになるまで3年かかりましたから（笑）。

柳川　いやいや、それは言いすぎです（笑）。でも確かに、飲みに行くようになるまでにはちょっと時間がかかりましたね。でも、人と人との関係ってそんなものじゃないですか。

木村　どこかで会った人に半年ぶりとか1年ぶりに再会して、そこから段々と会話が弾むようになったりする。最初はそれほど打ち解けられなかった相手と、色々な話ができるようになることはよくあります。ですから、すぐに手応えが得られなくても簡単にあきらめないで、やはり地道に外へ出ていくことが大事だと思います。

「名刺バイアス」を捨てろ

木村　管理職世代の人が外の世界の人たちと話すとき、ぜひ心がけてほしいことがあります。それは、聞く耳を持つこと。誰に対しても、「なるほど」「そうなんですか」「面白いですね」と的確な相づちや質問を挟みながら、相手の言葉を引き出すようにする。それができなければ、気づきを得ることもできません。

大企業の管理職によくあるのが、名刺交換した相手が聞いたことのない会社に勤めていたり、肩書きのない若者だったりすると、「こいつは俺には関係ないな」という態度をとること。名刺をチラッと見ただけで、何も会話せずに終わってしまうんですね。

でもそういう相手こそが自分とは異なる考えや視点を持っているのですから、「この人は何をやっていて、どういう人物なのだろうか」と興味を持って、真面目に話を聞くことが大事です。とくに若い人たちは、何かを発信したくて交流の場に来ているので、うまく引き出してあげればこちらがオジサンでも色々と話してくれます。

柳川　聞くことは大事ですね。自分のことばかりをひたすら話す人は少なくないです。しかも「うちの会社はこんなにすごい」といった自慢話に終始する。相手も「この人は大企業の部長さんだから口を挟まない方がいいな」と遠慮して、たとえその部長が言っていることはおかしいと思っても反論しない。すると結局、本人は何も気づきを得ずに終わってしまいます。

木村　名刺で相手を値踏みするクセは絶対に直した方がいい。私なんて20代の頃は零細企業の経営者で、当時はベンチャーなんてカッコいい言葉はない時代でしたから、人の集まりで名刺交換しても「何この人？」みたいな反応がほとんどでした。

柳川　私だって20代はただの大学院生でしたから、名刺を出しても「まだ自分でお金を稼いでいないんですね」という反応ばかりでしたよ。**だから私たちの経験を踏まえても、名刺は人を見るときに大きなバイアスになると言えます。**せっかくネットワーキングの場に出かけても、相手の名刺を見て「大企業の偉い人だから話を聞こう」とか、「知らない会社で肩書きもない人だから話をしなくていい」といった区別をしていたら、参加する意味がありません。

誰もが知る有名企業に勤めていてもくだらない人はいるし、聞いたことがない小さな会社に勤めていても興味深い話をする人がいる。だから〝名刺バイアス〟を取り除いて、どんな相手の話にも耳を傾けられるかが重要です。

木村　そもそもいきなり名刺交換するのも、日本の特徴ですよね。欧米のパーティーなら、自分のファーストネームを名乗るだけ。お互いの会社名やポジションなんかは軽く会話に織り交ぜながらコミュニケーションをして、こいつの話は面白いと思ったら、パーティーの最後にカードを渡して、「俺はこの会社にいるから、時間があるときに連絡してよ」といった形で所属を伝えるのが一般的です。

柳川　確かにそうですね。日本人も名刺を渡さずに相手と話してみると、名刺バイアスを取り除くトレーニングになるかもしれません。相手の会社や肩書きを知らないで話すことで、意外な共通点が見つかったりして、面白い話が聞けるかもしれない。

木村　いずれにしろ、まずは一歩を踏み出すことです。仕事を終えてから別の場所に顔を出して、夜10時や11時まで時間を過ごすのは大変だし、今までと違う生活パターンになればストレスもかかります。でも、それを乗り越えてこそ多様な価値観やものの見方に出会える。**会社と自宅の往復から抜け出して、とにかく動き出してみることをお勧めします。**

Chapter 7

生き残る管理職への道②

現役感を手放すな

「部長になったら上がり」の時代は終わった

木村　管理職も全社的な視点を持つべきだと繰り返し話してきましたが、それができるかどうかは、「自分がどこまで覚悟を持てるか」にかかっていると思います。**現時点ではミドル世代の部長職だったとしても、「自分はこの先、社長になって世界を変えてやる」というような覚悟を背負っている人は、全体最適を考えた意見を言うんですね。**

ところが「部長になったら上がり」と思っている人には、そこまでの覚悟は背負えない。自分の限界を決めてしまい、「部長になれたからもういいや」と考える人は、結局は自分のムラさえ良ければいいという発想になってしまいます。

柳川　覚悟がある人は、木村さんがおっしゃる「Wハット」を使いこなしているわけですね。一方で個別最適の視点を持ちながら、もう一方では全体最適の視点を持って、その両方を使いこなすことができる。

木村　その通りです。本当はすべての管理職が自分は将来トップになるつもりでその覚悟を背負っているのがベストですが、そんな人は大企業でも各社に数名いるかどうかといったところです。

そもそも今は、「ある程度のポジションになったら上がり」なんて呑気な時代ではありません。むしろ、組織の中で上に行くほどつらくて大変になる。現在の混沌とした経営環境の中で厳しい意思決定を迫られるわけですから、精神的なストレスも大きい。

良品計画の松井忠三元会長は、社長時代に悔しいことが多くて歯ぎしりが絶えなかったために奥歯が６本も抜けて、さらには大病も患っています。上に立つとそれくらい心身に負担がかかるわけです。

柳川　昔は上にいくほどのんびりしたいい生活ができるというイメージがありましたが、今の経営者や役員は本当に激務です。重役出勤なんて言葉は、もはや遠い過去のものになりました。

木村　ですから役員の一歩手前にいる部長は、それだけのストレスに耐えて戦いを続けていく覚悟があるかを問われている。**管理職のポジションは、いまや厳しい戦いの場なのです。**部長になったからといって、「もう上がり」などと言っている場合ではないことを肝に銘じるべきでしょう。

管理職はプレイングマネジャーであれ

木村　昭和の頃は、偉くなるほど現役感を失っていく人が大多数でした。何も考えずにハンコを押すうちに、若い頃はやる気があって戦闘力も高かった人が次第にその力を低下させていく。部下たちは時代の変化に応じて新たなスキルや能力を身につけているのに、部長はパソコンすら触れない。これが昔の管理職像でした。

しかし今の時代、管理職はプレイングマネジャーであるべきです。普段は部下に仕事を任せていいが、いざとなったら自分が現場に降りていって第一線で対応できるだけの戦闘力がなくてはいけない。

会社が同質的な組織だった頃は肩書きさえあれば下も素直に従いましたが、今後は多様性の時代で組織の中に様々な価値観を持つ人が混在していくようになっていきます。その中で「誰が見てもやっぱりこの人はすごい」と思わせるものがないと周囲はついてこない。だからポジションが上がっても、現役感を手放さずにいることが管理職に求められるようになっています。

柳川　今はプレイングマネジャーの時代だというのは納得です。**これだけ技術革新や環境変化のスピードが速いと、普段から自分も現場に立っていなければ何が起こっているかさえ把握できないし、チームを動かすこともできません。**

木村　スポーツの世界では、昔から優秀なプレイングマネジャーがたくさんいました。野球なら、先日惜しくもこの世を去った南海ホークス（現ソフトバンクホークス）時代の野村克也さんやヤクルトスワローズの古田敦也さんが選手兼監督を務めましたよね。普段は監督としてベンチから選手に指示を出しているが、いざとなったら、みずからバッターボックスに立って150キロの速球を打ち返すくらいの現役感を維持していた。

これと同じことをビジネスの世界でやるには、柳川先生がおっしゃるように管理職になっても現場に出て、常に現役感を維持する姿勢が求められます。

柳川　現場に出ない管理職は、自分がプレイヤーだった頃の経験をもとに部下に指示を出すしかありませんが、部下にしてみれば「そんな昔の話をされても、今は環境が変わっているのだから役に立たない」と思うでしょう。**それもたった数年前のことが「昔の話」扱い**

になってしまうほど、スピード感が加速しています。

これからの管理職はマネジメントに徹するよりリーダーシップを発揮すべきだという話がありましたが、現役としてプレーしていなければマネジメントさえできない時代になったのではないでしょうか。

現役感とは「手を動かせること」

木村　**現役感とは何かをより具体的に表すなら、「20代や30代のときにやっていた業務を、40代や50代になっても、いざとなればできる」ということです。**営業職であれば、お客さんへの提案書を部下の手を借りずに作り、最近のトピックも踏まえながらお客さんと交渉をする、管理系であれば、自ら仮説を立てて分析をし、有用な示唆を出すなど、自分が若い頃にバリバリ手と体を動かしていたことを、いざとなったら部下の代打としてこなせる、それが現役感を手放さないということです。

つまり、管理職になっても、実際に体と手を動かせるか。そこが重要なポイントです。

柳川　でも実際は、管理職になると手が動かなくなるということですか。

木村　そういう人が多いですね。50代にもなると、エクセルで簡単な数式さえ使いこなせなくなってしまう人が大半じゃないでしょうか。

一番よくないのは、何でも部下に丸投げすることです。書類作りにしても、「明日役員への報告があるから、資料の準備よろしく」と言うだけで自分は何もしない。優秀な部下に囲まれている管理職ほど、自分は何も言わなくても周囲が空気を読んで、「明日の資料作っておきました」と先回りしてやってくれるので、そのままではどんどん現役感が失われてしまいます。

「こんな内容を盛り込んでくれ」と的確な指示を出して、出来上がったものをしっかりチェックできれば、なかなかいい上司と言えますが、本当はそこからもう一歩進んで、「その資料を自分で作れる」という状態を目指すべきです。

柳川　そのためには、普段から自分で手を動かしている必要がありますね。

木村　ええ、自分でプレーする機会を意識的に作らないといけません。普段は部下に資料作りを任せるとしても、上司である役員への報告書は自分で作ってみるとか、会議での報告も部下に丸投げせずに自分でプレゼンするとか。

野村さんや古田さんのように、いざという場面で「代打オレ」をやろうと思ったら、日常的にバッティング練習をして、定期的にバッターボックスに立たなくてはいけない。伝家の宝刀も温めていたら錆び付くだけで、定期的に抜かなければ使い物になりません。

ですから仕事の8割は的確な指示を出し、2割は自分で手を動かすくらいのバランスを意識するといいと思います。

情報共有の会議は捨てる

木村　私の座右の書であるマキャベリの『君主論』には、「君主の最大の関心事は軍事なり」という一節があります。これは「たとえ高い地位についたとしても、いつでも最前線で戦える力を備えておくべきだ」という意味だと私は解釈しています。これぞ「現役感を手放すな」ということですね。君主が城の中で政《まつりごと》だけをやるようになったら、国は滅びてしまう。同じように、管理職が会社の中で会議だけしていたら、その組織は立ち行かなくなります。

もちろん管理職になれば会議に出る時間は増えるし、部下をマネジメントするための時間も取られる。それでも現場に足を運んだり、手を動かして作業するには、自分の仕事の生産性を上げてそのための時間を確保する努力が必要になります。

柳川　仕事が山積みでなかなか時間の余裕がないという管理職も多いと思いますが、時間の作り方についてアドバイスはありますか。

木村　無駄な仕事の洗い出しをしてみるべきですね。とくに日本の会社は、無駄な会議が多すぎる。**会議には、報告して情報共有するためのものと、何らかの意思決定をするものがありますが、前者は限りなく減らせるはずです。**もちろん情報共有から議論が始まることもあるのでゼロにはできませんが、単なるルーティンで回っているだけの報告共有会議は、惰性で回っているものが大半だと思いますよ。

柳川　わざわざ集まらなくても、簡単にまとめてメールのｃｃで共有すれば済むような会議は確かに多いですね。

木村　カルビーで大胆な経営改革と働き方改革を推進した松本晃氏は、「ノーミーティング、ノーメモ」を掲げて、無駄な会議と資料を一掃しました。社内で当たり前になっていることも、やめようと思えばやめられるということ。ですから管理職の皆さんも、「本当はやらなくていいものがあるんじゃないか」という視点から、今やっている仕事を見直してみてほしい。無駄な仕事を減らせば、その時間を本当にやるべきことに回せるはずです。

とはいえ、部下に使う時間を減らしてはいけない

柳川　時間の使い方の話が出ましたが、いくら管理職が時速150キロの球を打てる現役感を維持すべきとはいえ、チームのことをおろそかにして球打ちの練習ばかりしてはいけないわけですね？　プレイングマネジャーである以上、「プレー」と「マネジメント」のバランスはとる必要があると。

木村　そこは非常に重要な点です。現場に出る時間を作れと言いましたが、とはいえ部下に使う時間もしっかりと確保しなくてはなりません。

しかも今後は、ますます管理職にとって人材育成が重要なミッションになります。かつ

てのように変化が少なく連続性のある時代には、部下の育成方法は「上司の背中を見て学べ」でよかった。過去と同じやり方を続けていれば仕事で一定の成果が出せたので、上司の仕事のやり方が部下にとってそのままお手本になったからです。部下も上司を見ていれば「何ができるようになれば課長になれるのか」といった基準がはっきり見えるので、どんなスキルや能力を伸ばせばいいかという努力の方向性もわかりやすかった。だから「俺のやり方を見せれば、あとは勝手に育つだろう」と考える管理職がほとんどでした。

柳川　自分の背中を見せておけば、わざわざ部下の育成に時間や手間をかけなくてもよかったと。

木村　ところが今は、変化の激しい不確実な時代の中で新しい価値を生み出していかなくてはいけない。そうなると、部下が上司を真似するだけでは成果は出せません。

しかも、先ほど議論した通り、イノベーションの創出には組織の多様性を高めることが不可欠なので、上司はそれぞれの部下が持つ個性や強みを伸ばしていくことが求められます。昔のようにどこを切っても同じ金太郎飴のような組織を作るのではなく、メンバーの一人ひとりに対して「この人の良さはどこにあって、何をすれば力を伸ばしてやれるのか」を考え、その人に合った丁寧なコミュニケーションを実践しなくてはいけないのです。

これはかなり手間ひまがかかるし、上司の負担は大きくなるでしょう。でもこれからは、そのストレスに耐える覚悟も管理職には必要だということです。

部下の評価は減点主義から加点主義へ

柳川　オペレーショナルな世界観から、ストラテジックな世界観へと変化したことも、人材育成に影響を及ぼしているのではないですか。ビジネスの局面が変われば、チームに求められる人材も変わるので、部下の指導や評価の仕方も変化して然るべしだと思います。

木村　最大の変化は、評価の基準でしょうね。オペレーショナルな局面における評価は、減点主義です。正解がある世界なので、正しいことをやれば100点で、できなければ点数が減らされる。しかも「何ができなければ何点減らされるか」の基準も明確にわかりやすかった。

でも現在のストラテジックな局面になると、加点主義に変わります。「何をすることが正しいのか」というところから自分で考え、結果を出すために動いた人をきちんと評価して、

120点、150点と、どんどん点を伸ばしてあげなくてはいけない。

ただし、「何をすれば何点加えるか」という明確な基準はないので、管理職が部下を加点的に評価する目を持つ必要があります。そのためには現場に出て、自分で手を動かし、「今の局面では何をすることがプラスになるのか」を正しく見極める勘所を磨くことが不可欠となる。部下を正しく評価するためにも、やはり今の管理職には現役感が求められるということです。

業績が落ちても部下の育成を優先できるか

柳川　プレイヤーである自分とマネジャーである自分のバランスをどうとるか。この問題は、「管理職とは何をする人なのか」という根本的な問いにも直結するように思います。

木村　色々な考え方があると思いますが、「管理職とは人事権を行使する人である」というのが本質的な答えではないでしょうか。部下を評価し、昇進や昇格、賞与などに影響を与える力を持つ人。それが管理職です。だからこそ部下の育成に対する責任と覚悟を背負うべきです。

実際のところ、本気で部下を育てようと思ったら覚悟がないとできません。なぜなら、一時的にチームのパフォーマンスが落ちるからです。部下の能力を伸ばすには、得意なことだけやらせていてもダメで、少し高めの目標を与えたり、これまで経験のないことにチャレンジさせたりして、ストレッチさせる必要がある。営業で優秀な成績を上げている部下がいたら、「君は数字を作るのは得意だが、もっと発想力を磨いた方がいいから、新製品の企画書を作ってマーケティング部門の会議に出してみよう」といった機会を作ってあげるわけです。

柳川　ただし、少なくともその段階では得意ではないことをやるわけだから、パフォーマンスは落ちますすね。

木村　そうです。仕事の効率性が落ちるので、短期的なパフォーマンスは間違いなく低下します。それによってチームの成果が下がれば、管理職の評価も下がるリスクがある。それでもこの状況を飲み込んで、場合によっては落ちたパフォーマンスを補うために自分がプレイヤーとして現場に立つくらいの覚悟がなくてはいけない。それができて初めて、ただのプレイングマネジャーではなく、優秀なリーダーになれるのではないかと思います。

柳川　木村さんがおっしゃった人材育成は、全社的な視点を持つ管理職だからこそできることではないでしょうか。自分のチームに与えられた今期の目標をクリアすることだけを考えるなら、部下に得意なことをやらせた方がいい。でも会社に貢献できる人材を育てようと考えるなら、先ほどのように営業の人間にマーケティングや企画の要素が入った仕事を与えて、より幅広い経験や視点を身につけることが必要になる。

ただ、こうしたダイナミックかつ長期的な視点を意識している管理職はまだまだ少ないような気がします。

「主語」を使い分けろ

木村　そこで管理職の人たちに意識してほしいのが、やはり「Wハット」の実践です。これは要するに「主語を使い分ける」ということでもあります。**「自部門」を主語にして語るのか、他部門を含めた「会社全体」を主語にして語るのか。その使い分けを普段から意識することが重要です。**

私がこれまで携わってきた多くの会社の社内会議で、戦略について議論するとき自分の会社と顧客の話は出るのですが、競合の話があまり出ないというケースが多いんですね。「自分たちがこんな製品を提供すれば、お客様は喜んでくれる」という話はできても、それに対して競合はどう出てくるか、競合に比べて自分たちが優位な点や劣っている点は何かといった視点が欠けていることが多い。それは自己中心的な視点で物事を見ているからです。そこを一歩引いて上から俯瞰し、全体の中で自己を捉える能力を磨くことが必要です。

柳川　視点を変える能力は非常に大事ですね。しかも木村さんがおっしゃっているのは、損得を超えた観点に立つべきだということではないでしょうか。

先ほどの話にしても、管理職が全社的な視点から人材育成をすべき理由が「短期的なパフォーマンスは下がるが、長期的に見ればチームの業績向上につながるから、結果的に上司である自分の得になる」というのでは、間違った動機づけになってしまう。損得で考えると、逆に「この部下を育てても、その能力を発揮できるのが20年後だとしたら、もう自分は会社にいないから得にならない」という考え方もできてしまうからです。

ですから主語を使い分けるときは、損得にとらわれない価値観を同時に持つべきではないかと思います。

木村　同感です。経営とは、次世代へバトンをつなぐことでもあります。自分の在任中という限られた時間軸を超えて、いかに世代を継承していくかがリーダーの重要な仕事である。それは経営トップだけでなく、各部門の責任者である管理職も同じです。

「自分がいる間だけ良ければいい」という考え方では、本物のリーダーにはなれません。現役で現場に立ち続ける覚悟と、長期的な時間軸で次世代への責任を背負う覚悟の両方が、これからの管理職に求められています。

生き残る管理職への道③

ムカつく奴をチームに入れろ

Chapter 8

多様性とはＫＹを増やすこと

木村　これからは多様性のある組織を作ることが管理職の重要なミッションになると話しましたが、なぜその必要性があるのかという本質を理解していない人がまだまだ多いと感じます。

日本企業におけるダイバーシティ推進といえば女性や外国人の比率を増やす施策が代表的ですが、そのやり方は「女性管理職の比率を3割以上にする」といった数値目標の設定にとどまっていることが多い。もちろん女性や外国人等の活躍の場を増やすこと自体は私も大賛成ですが、ここで指摘したいのは、「その人たちが日本企業の同質的なメンタリティに染まっていたら、いくら数を増やしても多様性にはつながらない」ということです。

柳川　形式的な数合わせでは意味がないということですね。

木村　その通りです。本当に重要なのは、性別や国籍にかかわらず、異質な意見を言える人間を組織の中にどれだけ抱えられるか。つまり、空気を読まないＫＹな人間をいかに増やすかということです。

女性や外国人の活用が叫ばれているのも、「昭和の組織文化に染まった日本のオジサンたちとは違った考え方や価値観を持つ人が多い」という前提に立っているからです。**ところが実際は、女性や外国人であっても、日本の会社で働いているうちに同質的なメンタリティに染まってしまう人もある一定の割合で存在します。**

私は大企業で管理職を対象とした研修をする機会が多いのですが、それを実感することがたびたびあります。研修のプログラムに、構造改革などの新しくてチャレンジングな取り組みにいかに着手するかというシミュレーションをゲーム形式で行うものがあるのですが、一般的には日本人は古い価値観や慣習にとらわれてなかなかトライできず、外国人は積極的に進めていきそうなイメージがありますよね。

柳川　実際は違ったのですか。

木村　ええ、日本人でもアメリカ的な価値観やカルチャーが浸透した外資系企業で働く人たちは、現状維持に留まることなく、斬新な改革プランが次々と出てくるのです。外資系企業といっても、古くから日本に拠点を置き、日本人を新卒大量採用し、社員の多くは日本でしか働いたことがないにもかかわらず、です。この人たちは海外で働く人たちと同じような発想をインストールされているので、改革すべきことはためらわずにどんどん変えて行くのが当たり前と考えます。

一方、昭和のカルチャーが根強く残る日本企業に採用された外国人スタッフがこのプログラムに参加すると、ほとんどがゲームオーバーになってしまう。つまり現状を前提とした改善プランを選択しようとして、なかなか改革に着手できないのです。普段は海外の拠点にいる人たちを日本の本社に呼んで研修を受けてもらうので、いくら所属が日本企業とはいっても発想まで日本的にはならないだろうと思いきや、とんでもない。

柳川　それはなかなか興味深い結果ですね。

木村　**この結果からわかるのは、人間は属性によるメンタリティより、企業文化によるメンタリティに染まる傾向が強いということ。**外国人であっても、あるいは女性であっても、「ザ・日本企業」的な組織文化で長く働いていると、それに同化してしまう危険性があることをまずは理解しなくてはいけません。

その上で、どうやって同質化を防ぎ、多様性を作り上げていくのか。それを考えなくては、日本の組織においてダイバーシティが根づくことはないでしょう。

愚痴は判断材料にならないが、意見は検討すべき

柳川　人間がそれほど組織文化に同質化しやすいとなると、人材育成を担う管理職が部下の多様性をどう育てるかは非常に難しい課題ですね。効果的な方法はあるのでしょうか。

木村　私のアドバイスは、「自分のチームにムカつく奴を入れろ」です。ムカつく奴とは、上司である自分に対してポジションをとる部下のこと。「管理職は上に対してポジションをとれ」と言いましたが、同時に自分に対して正直に意見を言ってくれる部下を大事にしろということです。

一般的には、自分の意見に何でも従うイエスマンが周りに集まってきがちですが、必要なときは反対意見を堂々と言ってくれる部下こそ大事にすべきです。そこで「君の言うことは間違っている」と頭ごなしに否定してしまったら、その部下は上司の思考や価値観にどんどん同化してしまう。その部下のＫＹな部分が失われ、組織の多様性も消えてしまいます。その意見を採用するかどうかは別として、上司はいったん部下の言葉に耳を傾けるべきです。

柳川　例えば部下が「残業が多くて嫌だ」と不満を言うだけなら、それはただの愚痴ですが、「残業を減らすために仕事のやり方をこう変えてはどうか」と解決策を示せるなら、それは意見になる。**上司が意思決定するとき、愚痴はあまり判断材料になりませんが、意見は検討すべき選択肢になります。**ですから上司が部下の意見に耳を傾ければ、選択肢の幅が広がり、よりポジティブな判断ができるのではないでしょうか。

木村　おっしゃる通りで、ＫＹな部下がいると実は上司も助かります。意思決定しなくてはいけない場面が日々ある中で、常に自分の決断が正しいと言い切れるほどの自信がある管理職は少ないはずです。「Ａかもしれないが、Ｂかもしれない」と迷っているときに、「僕はＡがいいと思います」と意見を出して、その裏づけを示してくれる部下がいたらありがたいですよね。

あるいは「いや、僕はＣがいいんじゃないかと思います」とまったく別の選択肢を言い出す部下がいれば、「もしかしたら自分は何か大事なことを見落としていたのかもしれない」と気づかせてくれるかもしれない。多様な意見が出ることで議論の幅が広がり、より良い解決策が見つかる可能性も高まるので、結果的にそのチームは強くなる。逆に議論しても意見がまったく割れず、全員が同じことしか言わないチームだったら、組織の力は弱くなってしまいます。

柳川　そうですね。結局は同質的な組織になって、昭和のカルチャーに逆戻りしてしまいます。

木村　それに気づいた先進的な企業の中には、組織の空気に迎合しない異分子を積極的に登用する事例が出てきています。パナソニックの社内カンパニーであるコネクテッド・ソリューションズ社長の樋口泰行氏は、同社をやめてダイエーやマイクロソフトの社長を経験したのちに古巣に戻ってきていますし、２０１７年に新設されたビジネスイノベーション本部の副部長に招聘したのはシリコンバレーにあるＳＡＰの拠点で幹部を務めていた馬場渉氏で、こちらはパナソニックにとって完全な外様です。

こうした人事は、あえて異分子を入れることで組織を活性化させようというトップの意志によるものでしょう。「ムカつく奴をチームに入れろ」は、強い組織を作るための合言葉になりつつあるように感じます。

最近私は、パナソニックの例にならって「戦う執行役」という言葉で、執行サイドの重要ポストに外部から登用することを、色々な会社で提言しています。社外取締役によってボードはＫＹ文化が浸透しつつありますが、これと同じことを執行サイドでも作ることがますます重要だと確信しています。

ゴタゴタしているチームが強い

木村　自分のチームをイエスマンだけで固めれば、マネジメントはラクです。部下たちが「上司はこう考えているのだろうな」と勝手に空気を読んでくれて、自分にとって心地良いことしか言わないのだから、チーム運営に手間がかからない。でもそれでは、管理職のマネジメント能力は上がりません。

一方、何かにつけて「いや、僕はこう思います」と言う部下がいたら、上司は面倒です。それぞれ異なる意見や考えをまとめてチームとしてやっていかなくてはいけないのですから。でも手間がかかる分、管理職のマネジメント能力は向上します。

イエスマンばかりのチームは、外側から見ると「あの部長はチームをうまくまとめているね」と評価されやすい。そしてムカつく奴のいるチームは、「あの部長の周囲はいつもゴタゴタしているな」と思われやすい。しかし、2年や3年が経ったとき、どちらがチームリーダーのスキルが上がっているかといえば、大変な思いをしてきた後者の部長です。

柳川　ムカつく奴をチームに入れることは、管理職にとってデメリットにならない。むしろ自分を成長させてくれるという大きなメリットがあると捉えるべきですね。

木村　チームの多様性を失わないためには、管理職が反対意見を言いやすい空気を作ることも大切です。**そもそも日本人の集団は放っておくとイエスマンばかりになりがちなので、普段から「ノーを言ってもいいんだよ」と言うメッセージを上司が出し続ける必要があります。**

私が若いスタッフによく伝えているのが、『これは無理です』と言ってくれ」ということ。上司に指示された仕事が自分の持つ能力や時間を超えるものだったら、「これは無理です」と言いなさいということです。それを言わずに上司の指示だからと黙って引き受けて、結局締め切りまでにできずに「頑張りましたが、できませんでした」ではそこからのリカバリーに多大な労力を要してしまいます。だから無理だと思ったら、最後ではなく最初に言うべきなんですね。

私も日頃から「無理だと言うのは逃げではなく、客観的に自分の仕事を捉えているということだから、私は評価する。だから勇気を持って言ってほしい」と言っています。早く言ってくれれば、こちらも仕事の進め方を再設計して、必要なら人を増やすなどの対応ができますから。

柳川　上司からそう言ってもらえれば、部下も遠慮なくノーが言えますね。

「ノー」と言ってもいい空気を作る

木村　そもそも上司に対して、部下は本音を言わないのが普通です。人事権を握っている相手に対して意見すると心証が悪くなると考えて、言いたいことがあっても腹の中に閉じ込めておく部下がほとんどでしょう。

でも自分が上司になるとわかるのですが、それはとても怖いことです。部下は表向き賛成してくれているが、本音はどう思っているかわからない。しかもやっかいなことに、腹の中では反対しつつ、口では「わかりました」という部下は、それを実行に移さない。本音では反対しているので、何かと理由をつけてやらずに済ませようとするのです。

上司が「あれ、どうなっている？」と聞いても、「社内の調整の時間がかかっている」とか「お客様の対応に手間取っていて」などとあれこれ言い訳して、一向に仕事を進めない。これが延々と繰り返されるので、上司としてはたまったものではありません。だから、部下が嫌なら嫌と最初からはっきり言える関係を作っておくことが大事なのです。

ＩＧＰＩ代表の冨山和彦は、これを「ムーンウォーカー攻撃」と呼んでいます。顔は前を向いているが、体は後ろへ下がっていく。

柳川　なるほど。うまい言い方です（笑）。

木村　上司に「無理です」と言うと日本の組織ではＫＹだと思われるし、自分の評価が下がるのではないかと恐れるので、非常に勇気がいります。**でも冷静に自分の状態を客観視した結果、そう言っているのなら上司は受け入れるし、どうすればできるか話し合うつもりもある。**そう示すことで、チームの中に「正直に意見を言っていいのだ」という空気ができていく。小さなことですが、こうした積み重ねも必要だと思います。

「混乱」を経てチームは発達する

柳川　先ほど木村さんが「議論の割れない組織は弱い」とおっしゃいましたが、それを示す理論があります。心理学者のＢ・Ｗ・タックマンが提唱したチームの発達段階を５つのステージで示したもので、「タックマンモデル」と呼ばれます。それによると、成果を出すチームは次の5段階を経て機能するようになります。

第一段階は「形成期（フォーミング）」で、チームができたばかりの段階です。メンバーはまだお互いのことをよく知らず、チーム内には緊張感があり、それぞれが本音を隠して様子見をしています。

第二段階は「混乱期（ストーミング）」で、メンバーそれぞれが自分の役割や責任について考えや感情を表明し始める段階です。それに伴い、意見の食い違いや仕事のやり方について対立が生まれます。

第三段階は「統一期（ノーミング）」で、チームの行動規範が統一される段階です。お互いの考え方を受容し、チームとしての

図12
タックマンモデル

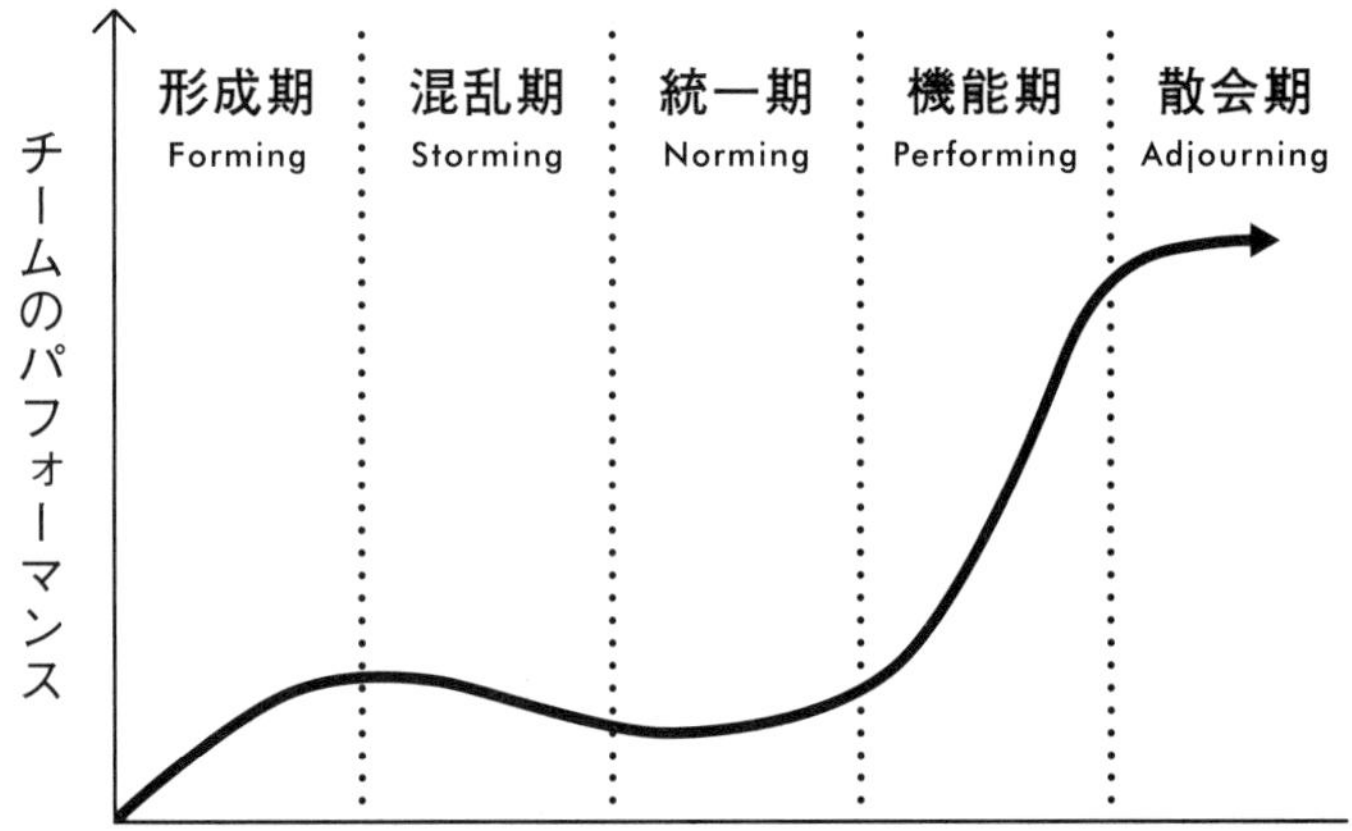

目標やメンバーそれぞれの役割が一致して、チーム内の関係性が安定します。

第四段階は「機能期（パフォーミング）」で、チームとして機能し、成果を出す段階です。メンバーの間に結束力と一体感が生まれ、高いパフォーマンスを発揮します。

そして最後に第五段階の「散会期（アジャーニング）」を迎え、目的の達成や時間的な制約を理由にチームの相互関係は終了します。

ここで重要なのは、第二段階のストーミングです。意見や感情をぶつけ合うからこそ、お互いの理解が進み、次の段階でチームが統一します。


木村　つまりチーム内に揺らぎがなければ、1つのチームとして成果を出せるようにならないということですね。これは非常に納得のいく理論です。

これまで日本の組織では、そもそもフォーミングの必要がありませんでした。どのチームも同じ会社で働く同質的な人間の集まりであり、最初から進むべき方向が決まっていたので、チーム形成のハードルは低かった。しかも皆が空気を読み合うので、ストーミングも起こりませんでした。

でも今はプロジェクトベースの仕事が増えて、その時々でメンバーの顔ぶれが変わったり、オープンイノベーションを目指して外部の人たちと一緒に仕事をするのが当たり前です。チーム形成のハードルは一気に上がり、ストーミングも起こりやすくなった。

そのときに、リーダーである管理職は異なる意見を封じ込めるのではなく、それぞれの考えを引き出し、あえて揺らぎを生み出すくらいの心構えが求められるようになったということでしょう。

柳川　昨日までライバルだった競合の人たちが、今日は同じチームのメンバーになるということがいくらでも起こり得る時代ですから、誰かが意図的に仕組まなくても組織の中に多様性は生まれてくる。それを活かすも潰すも管理職にかかっていると言えます。

仕事ができる人は目立たない

木村　チームの多様性を潰さないためには、管理職が部下を見る目を養わなくてはいけません。先ほども言った通り、部下がイエスマンばかりなら上司はラクだし心地よい。だから、自分にとって覚えめでたき部下を高く評価しがちです。

でも本当に引き上げるべきは、仕事で成果を出そうとしている人でしょう。つまり「出世したい人」ではなく「結果を出したい人」を上司は評価しなくてはいけない。

柳川　ここにも心理的なバイアスがあって、人間は自分にとって心地よいことを言ってくれる人をポジティブに評価しがちな傾向があります。だからこそ、あえてそうではない人に目を向けることが必要ですね。

木村　ムカつく奴の話とは少しずれますが、上司は目立つ部下を評価しがちでもあります。普段はそれほど熱心に仕事をしないのに、役員へのプレゼンだとすごく張り切るタイプの人がいますよね。上へのアピールがうまい人は目に留まりやすいので、上司もつい引き上げてしまいがちです。

でも本当に仕事ができる人は、実はあまり目立たない場合が多い。派手な役割は人に任せて、自分はプレゼンの場でも隅の方でじっと話を聞いています。でも頭の中では「この案件を成功させるにはどうすればいいか」という戦略を描いていて、プレゼンが終わるとこっそり私のところへ来て、「あの役員は今こんなことを考えているから、木村さんからこう進言してくれませんか」などと言ってくるわけです。

柳川　自分のアピールよりも、成果を出すことに集中している。こういう人を上司がしっかり評価しないと、組織は強くなりません。

単に楯突くだけのヤツはダメ

木村　ただしムカつく奴の中には、本当の敵になってしまうタイプもいるので、そこは注意が必要です。**自分の意見を表明することと、単に楯突くことは違うので、上司はそれを見極める目を持たなくてはいけません。**

部下の意見は、チームで成果を出すという目的のためなのか、それともただ上司が気に入らないといった個人的な感情をぶつけているだけなのか。どちらも行動としては「上司に反対意見を言う」という同じ事象として表に現れるので、一見するとなかなか区別がつきません。そこは普段から部下と積極的にコミュニケーションをとったり、行動をウォッチしたりしながら、時間をかけて見極める目を養っていくしかない。本当にできる部下を引き上げるには、上司の側に人間観察力が求められます。

柳川　自分の保身のために上に楯突いたり、場合によってはプロジェクトをわざと失敗させようとする人間がチームに紛れ込んでいたりすることもありますから、それを見極めるのはリーダーの重要な役目ですね。

ここでもやはり、管理職が全社的な視点を持っているかどうかが問われるのではないでしょうか。部下が自分に反対意見を言ったときに、「自分の意見とは異なるが、会社全体のことを考えれば部下が言っていることも一理ある」と考えることができれば、それは部下を評価すべきだということになる。もしくは「この意見は会社全体のためにもならないし、自分たちのチーム全体のためにもならない」と判断できれば、その部下の意見は単に楯突くものとして却下できる。

その違いを区別するためにも、管理職は常に全体を見る視点を持っていることが求められます。

生き残る管理職への道④

チームの羅針盤を作れ

Chapter 9

プリンシプルをチームで共有する

柳川　前項でムカつく奴をチームに入れることが多様性を生むという話をしましたが、1つだけ心配なのは、多様性を育てることを「部下の好き勝手にさせる」という意味だと誤解する上司がいるのではないかという点です。もちろん部下の個性は尊重すべきである一方で、リーダーはチームとして1つの方向へ導かなくてはいけません。**ですから、決して部下を放任していいわけではない。**

ただ、個性の尊重とチームとして1つの方向性を指示することは相反しがちな要素なので、これを両立させるのはなかなか難しいように思うのですが、何か良いマネジメントの方法はあるのでしょうか。

木村　プリンシプルをチームで共有した上で、その解釈から外れていない範囲においてはメンバーに自由な裁量権を与える。これが一番いいやり方です。プリンシプルとは、原理原則や信条といったチームの核になる考え方のこと。ここからズレることさえなければ、あとはそれぞれの部下が自分で考えて行動すればいいのです。

なぜなら、今の時代はその時々の状況に応じて仕事のやり方や判断を変えていかなくてはいけないからです。かつては仕事へのアプローチが決まっていて、それを正確にできるようになれば成果を出すことができました。スポーツに例えるなら、ゴルフやボウリングのようなもので、正しいフォームやスイングを身体で再現できれば勝つことができる。つまりこれらは「再現性のスポーツ」になります。

でも今の仕事は、再現性だけでは勝てません。野球やテニスのように、対戦相手のプレーに応じて瞬時に自分のプレーを変えていかなければ勝負できない。しかもどう変えるかは本人が自分で考えなくては間に合わない。相手からボールが飛んできているのに、監督やコーチにアドバイスをもらっている暇はありません。

柳川　なるほど。再現性が通用するかしないかの違いで捉えるのは面白いですね。日本人は再現性を高めるのは得意です。日本の教育は、学校も企業も再現性のトレーニングを重視しますから。でもそれだけでは勝てなくなったのだとしたら、やはり育成の方法を変えなくてはいけないのでしょう。

変革と再現性は両立する

木村　もちろん今でも再現性が求められる領域はあります。例えば工場でものを作る領域においては、歩留まりを良くするために正しいアプローチによって再現性を高めることが不可欠です。ただし一方で、「今よりもさらに歩留まりを高めるやり方があるのではないか」と考え、新しいアプローチを工夫することも絶対に必要になります。

この2つをうまく両立している代表例が、トヨタ自動車です。有名な「トヨタの問題解決8つのステップ」は、新しいやり方をどんどん生み出す手法です。そこから生まれたやり方で効果があるものはマニュアル化し、徹底して再現性を高めていく。変革と再現性を見事に両立しているケースと言えます。

柳川　いずれにしても、再現性だけではダメということですね。管理職もそのことを自覚し、自分がどんな役割を果たすかを考えなくてはいけない。

木村　再現性だけで勝てないとなると、上司は部下が最大限自由に動ける環境を作らなくてはいけません。ただし柳川先生がおっしゃるように、放任するだけではチームが目指すのとは違う方向へ走って行ってしまうメンバーが出てくるので、ベースとなるプリンシプルはきちんと共有させる。**しかも一度や二度言って聞かせるのではなく、全員で何度も繰り返し反芻して、常に皆の頭の中に定着している状態にすることが重要です。**

柳川　まとまりを生み出すための共通の軸を設定しなければ、せっかくの多様性がただバラバラに存在しているだけで終わってしまいます。それをチームとしての成果に結びつけるには、求心力がなければいけない。それを生み出すのがプリンシプルということですね。

数値目標ではないビジョンを示せ

木村　では、プリンシプルは誰が決めるのか。もちろん会社としての理念やミッションはすでにあるでしょう。だからと言って、管理職は上が決めたことをそのまま下に伝言すればいいわけではない。組織のリーダーとして、自分のチームが目指すビジョンや大事にすべき価値観を示すのは管理職の役目です。

対談の冒頭から話してきた通り、現在は答えのある問いを解くのではなく、みずから問いを立てなくてはいけない時代です。かつてはオペレーショナルなアジェンダがほとんどだったので、会社が大きな方向性を決め、管理職はそれに従って現場を管理すればよかった。

しかし先が不透明で変化の激しい今の時代は、現場単位で「そもそも自分たちはどちらの方向を目指すのか」を考え、改革型アプローチを実践しなくてはいけない。いわば「チームの羅針盤」を作ることが必要なのです。

柳川　もう上から羅針盤が与えられる時代ではなく、むしろ会社から「現場はどっちへ進めばいいと思っているんだ？」と方向性の提示を迫られている管理職は多いのではないでしょうか。そして部下からは「自分たちはどっちへ進めばいいんですか？」と突き上げられる。そこで管理職が方向性を示さなければ、上も下も動きません。

今までは上から与えられてきたのに、いきなり自分で考えろと言われて戸惑っている管理職も多いかもしれませんが、まずはそれが自分の役割であることを認識することが重要ですね。

木村　それも売上や利益などの数値目標とは別に、「自分たちの存在意義は何なのか」「自分たちは何を成し遂げたいのか」といったビジョナリーな方向性を示すことが必要です。それを自分の中で整理してメンバーに示すことができれば、チームの軸となり、プリンシプルになります。

ここで重要なのは、前例踏襲はＮＧということ。「前の部長がこう言っていたから、自分も同じようにやろう」ではいけません。それでは過去の延長線上を辿《たど》るだけで、改革型アプローチにはならない。過去はいったん切り離して、自分たちが置かれた現状について仮説検証を行い、「我々のチームは今後3年間、こちらへ向かって行こう」と決断することが求められます。

柳川　これまでも、日本の社会や企業は、どちらかといえば大きな方向性や方針を示すのが苦手で、小さなことを積み上げていくうちに方向性が決まっていくというアプローチが中心でした。連続性の時代には前例踏襲でもよかったかもしれないし、欧米をキャッチアップしていた時代には目指す方向性はすでに決まっていたので、自分たちで大きなビジョンを掲げる必要性があまりなかったという背景もあるでしょう。

しかし先が見えない時代には、自分たちの羅針盤を持たなければ前へ進めない。しかも誰かがそれを与えてくれるのを待つのではなく、みずから作り出すしかない。このアクションチェンジをすべての管理職が意識する必要がありそうです。

「どっちもやれ」では部下はついてこない

柳川　先ほど木村さんは、数値目標ではないビジョナリーな方向性を示すことが重要だとおっしゃいました。それはつまり、管理職が自分の信念や価値観をビジョンに乗せるという意味かと思います。単にどちらへ進むかを指示するのではなく、「なぜこの方向へ進むのか」という思いが伝わらなければ、なかなか部下はついてこない。

木村　そうです。自分はどうありたいのか、あるいは自部門はどうありたいのかといった本質的なものから導き出されるのがビジョンであり、羅針盤です。

柳川　ここで1つ伺いたいのですが、いったん羅針盤を作ったとしても、状況が変われば方向性も変えなくてはいけなくなる場合が出てきますよね。すると部下からは、「1年前に言ったこととは違うじゃないか」と非難される可能性もあるわけですが、そこは管理職の思いがきちんと伝わっていれば、方向性が変わっても周囲は納得してくれると理解していいのでしょうか。

木村　そう思います。**大事なのは、リーダーが自分の信念をもとに「今はこっちへ進むのだ」と明確に言い切ることです。**

ビジネスでは二律背反の要素が往々にしてあるものです。例えば、品質向上とコスト削減は一般的に両立しない。あるいは顧客対応に時間をかければ、営業1人当たりの効率は落ちて売上は下がるかもしれない。だから現時点でどちらを優先するかをリーダーがはっきりと示さないと下は迷ってしまい、結局は顧客対応も売上も中途半端な成果に終わってしまう。そこでリーダーが「今年は売上を多少犠牲にしてもいいから、お客様との関係作りに力を入れよう」と明確に言ってくれれば、部下たちも安心してその方向を目指せます。

それで顧客との基盤が固まったら、次の年は「今年はお客様に対応する時間を効率化して、売上向上に集中しよう」と方向性が変わっても別に構わない。部下たちもリーダーがチームのために信念を持って言っていることはわかるので、納得できます。

一番やってはいけないのが、「顧客に使う時間を増やして、売上も上げろ」ということ。部下は「一体どっちが大事なんだよ」と不満に思うでしょうし、このリーダーには信念がないと評価します。

柳川　**示す方向性そのものが一定しているかどうかより、リーダーの中に揺るがぬ信念が**

あるかどうかを見られるということですね。

木村　私がよく知る企業では、毎年初めに幹部社員を集めて、各事業部門のトップが今年のミッションを宣言します。もちろん社長が「今年の経営のキーワードはこれにする」という大枠は提示するのですが、それを具体化して「うちの現場では今年はこれをやります」と決めるのは事業部門長の役割。私もその場に立ち会ったことがありますが、リーダーたちがはっきりと自分の言葉でビジョンを宣言していく姿は感動的です。これだけ明確に言い切るには、やはり覚悟が必要ですから。

このような場が設けられない会社でも、管理職の立場にいる人なら、ぜひ節目ごとに自分の言葉でビジョンを考え、メンバーに伝える場を作ってほしいと思います。

個人的なポリシーや倫理観は最初に伝える

柳川　もう1つ、リーダーがビジョンを示すタイミングについて質問があります。新しくチームができて、多様性のあるメンバーが集まったとしますね。その場合、管理職はそれぞれの考えをある程度聞いてから、それを踏まえて自分のビジョンを考えるべきなのか。それともチームビルディングの最初の段階で「自分はこちらへ進むべきだと思う」と言うべきなのか。木村さんの考えはいかがですか。

木村　最初にリーダーがビジョンを示すべきです。まずはチームの軸となる方向性を示さないと、それこそメンバーが好き勝手なことをやり始めて、組織がバラバラになってしまいます。

柳川　自分が新しくリーダーになる場合、これまでに経験のある領域の仕事やプロジェクトなら最初から方向性を示すことは可能だと思うのですが、日本の会社だと経験のない事業部門の課長や部長にいきなり異動になることもよくあります。この場合、管理職は仕事のことがよくわからない状態で着任するわけですが、それでも最初に自分のビジョンを示すべきですか。

木村　私も似たような立場を経験してきましたが、そのときも自分が大切にしている信念や価値観は最初に伝えるようにしています。そして、「ただし事業や業務のことはまだ詳しくわからないので、1カ月ほど勉強の時間をください」と正直に伝えます。本当に急にその役割を与えられた場合は、それしかできませんから。

柳川　その場合は、先ほどの「顧客対応か、売上か」といった事業に関わる方向性を示すのは1カ月後ということになると思いますが、最初に伝えるのは具体的にどんな言葉が多いのですか。

木村　私の場合、「自分がどのような組織運営をしたいか」を必ず伝えます。例えば「チームの多様性を大切にしているので、皆も思ったことは遠慮なく言ってほしい」とか、「私の意見に迎合しないで、違うと思ったら反対してください」といった組織運営上のポリシーのようなものです。

それと、倫理観やモラルに関わることも伝えます。「私はメンバーやお客様に対して無礼なことだけは絶対にしたくない」といったことですね。**事業の方向性はまだ示せなくても、新しいリーダーがどんな人間かがわかれば、メンバーたちも受け入れやすくなります。**

それさえ最初に示しておけば、事業に関するビジョンはメンバーを巻き込んで作ってもいいでしょう。例えば「自分たちが置かれている市場環境について」といった1つのテーマを設定し、メンバーを集めて思いついたことを付箋に書き出してもらうのはお勧めの方法です。

出た意見をホワイトボードに貼り出して議論すると、競合のことや自分たちの強みが明らかになって全体像が見えてくる。メンバー同士の議論も盛り上がって、なかなか楽しいですよ。そして最後はリーダーが「だったらこんな結論になりますね」とまとめて、ビジョンの作成につなげていけばいい。

ですから、現場で具体的に何をするかについては周囲を巻き込んで決めてもいいのですが、それよりもリーダー自身のポリシーや倫理観といったパーソナルな部分をまずは示すことが重要だと思います。

もっと「自分の言葉」で語れ

柳川　日本の会社では、リーダーが個人的な思いを語ること自体が非常に少ないように感じます。自分が何を大事にしているとか、どんな価値観を持っているかを表現することはあまりない。日本のリーダーたちはもっとそこを語るべきじゃないかと思うのですが。

木村　おっしゃる通り、本当に少ないですね。社長が方針演説をするときも、原稿の大半は部下が作るのが日本の会社ですから。

普段から自分の言葉で語っていないので、たまにアドリブを求められるとボロが出てしまうことも多い。企業の株主総会や決算説明会でも、事前にスタッフが準備したQ＆Aに沿った質問には対応できても、想定外の問いが飛んでくるとおたおたしてしまう経営者は少なくありません。なんとか口を開いても、つい本音が出て余計なことを言ってしまったり、「これから検討して参ります」などとごまかしたりすることもよくあります。

でも普段から自分の言葉で語っている人は、自分の中にブレない軸があるので、どんなに厳しい質問が来ても信念を持って答えられる。**言葉には、リーダーとしての資質が表れるものです。**

柳川　そもそも自分が大事にしているものが何なのか、わかっていない人も多いのではないでしょうか。だからこそ、管理職も自分が何を語るべきかをきちんと考える習慣をつけてほしい。それもきれいごとを並べるのではなく、本音で話してこそ相手に思いが伝わります。

リーダーが自分の言葉で信念や価値観を語ることは、本人たちが思っている以上に下の人たちに影響を与える。だから積極的に部下たちと本音で話す機会を作ってほしいと思います。

生き残る管理職への道⑤

ブライトサイド・スキルを磨け

Chapter 10

「愚者は経験に学び、賢者は歴史に学ぶ」

木村　私は自著『ダークサイド・スキル』の中で、論理的思考力や財務会計の知識などのMBAの基礎科目で学ぶようなスキルだけでなく、生身の人間を動かす能力や組織に影響力を与えて時には空気を支配するような泥臭いヒューマンスキルを身につけるべきだと提言しました。このとき、前者を「ブライドサイド・スキル」、後者を「ダークサイド・スキル」と名づけたのですが、本書でこれからの管理職に必要なものとして話してきたのはダークサイド・スキルに当たるものが中心だったと思います。

柳川　そうですね。日本の組織構造の成り立ちや特性を踏まえた上で、会社や自分のチームをいかに動かして行くかが重要だということでした。

木村　とはいえ、私は決してブライドサイド・スキルが必要ないと言っているわけではありません。本物のリーダーになるには、この2つのスキルをどちらも備えている必要があります。むしろブライトサイド・スキルは、リーダーとしての必要条件と言えるでしょう。

図13

次世代リーダーに必要なスキル

	ダークサイド・スキル	ブライトサイド・スキル
1	思うように上司を操れ	歴史に学ぶ「一般化する力」
2	KYな奴を優先しろ	歴史に学ぶ「抽象化する力」
3	「使える奴」を手なずけろ	異分野の知識を持つ
4	堂々と嫌われろ	テクノロジーから未来を洞察する
5	煩悩に溺れず、欲に溺れろ	Be Authentic
6	踏み絵から逃げるな	
7	部下に使われて、使いこなせ	

しかも今の時代は、先ほど挙げたようなロジカルに考えられるとか数字に強いといった典型的なビジネススキルに加えて、より奥深い教養やテクノロジーへの洞察なども身につけるべきだと考えています。

なかでもぜひミドルクラスのリーダーに学んでほしいのが、歴史です。「愚者は経験に学び、賢者は歴史に学ぶ」というドイツの名宰相・ビスマルクの言葉にもあるように、過去から学ぶことで本質的なものが見えてくるからです。

柳川　歴史の事象をケーススタディーとし、そこに含まれる普遍的な要素と個別的な要素を切り分け、前者を取り出して本質を学ぶということですね。するとまったく同じではないけれど似たような環境に自分が直面したとき、それを参考にできる。これができるかどうかが、その人の成長を左右するカギになると言っていいでしょう。

木村　歴史を学ぶことで得られる最も重要なスキルは、「一般化する力」です。例えば歴史上の失敗事例を知り、「その原因は何なのか」を考えて、「つまりこれはこういうことだ」と一般化できれば、それは現代の自分にも役立つ普遍的な知識になる。具体的な事象をいったん抽象化し、本質的な部分を取り出すスキルは、組織の中で上に立つ人間には必須のものです。

ある経営者は、「経営はアナロジーである」とおっしゃっていました。過去に起こった出来事から何が導き出せるかを類推することが重要だという意味ですが、まさにその通りだと思います。

本を読みながら一般化する習慣をつける

柳川　一般化や抽象化の能力は人間の成長において極めて重要です。子供の教育でも、身につけさせるのが最も難しいのはこれらの力です。

例えば算数で「りんごが1つ、2つ、3つあります」と説明してから、次に3個のみかんを見せて「これはいくつありますか?」と聞かれたときに「3つ」と答えられるかどうかは、一般化の能力があるかどうかが壁になります。りんごとみかんという個別具体的なものを一般化し、「3」という抽象的な数字を取り出して、これが両者に共通する要素なのだと理解するのは、子供にとって非常にハードルが高い。でも訓練することによって、私たち大人はそれが当たり前のようにできるようになったわけです。

大人が歴史を学ぶときも同じです。歴史には様々な事象があり、どれ1つとしてまったく同じものはない。でもそれらを一般化し、抽象化して共通する要素をピックアップできれば、大きな学びになります。**つまり歴史を学ぶことは、非常に良い一般化の訓練になるわけです。**

木村　「現役感を手放すな」という話をしたときにマキャベリの『君主論』を引用しましたが、あれも要するに一般化です。「君主の最大の関心事は軍事なり」という言葉を私なりに抽象化し、現代のリーダーに共通する要素として「どんなに偉くなっても現役でいなさい」という意味だと解釈したわけですから。

柳川　同じ本を読んでも、自然に一般化できる人と、意図的にやれば一般化できる人と、まったく一般化できない人がいて、この三者では学びの質がまったく変わってきます。歴史にものすごく詳しくて、まるで年表を読み上げるように正確な年号とその年に起こった出来事をとうとうと語る人がよくいるじゃないですか。その知識は確かにすごいのですが、それがビジネスに役立っているかといえば、必ずしもそうではない。一般化できなければ、せっかくの知識が活用できないのです。

これを自然にできる人は少ないので、意図的に一般化する習慣をつけて、「この出来事があった頃の織田信長と豊臣秀吉の関係は、今の自分と部下の関係とこんなところが共通している」などと考えることができれば、自分の仕事に役立てられます。

木村　結局のところ歴史は繰り返されるわけで、事象の捉え方次第でいくらでも歴史から学ぶことができます。**今は不確実な時代と言われますが、歴史上にも先が見えない不透明な時代はたくさんあったのですから、その中で当時のリーダーたちがどのように意思決定したのかを知るだけでも、管理職の人たちが得るものは大きい。**

意思決定においては論理的思考にもとづいて合理的に考えることも大事ですが、それだけではない幅広い教養を身につけて総合的なアプローチをすることも重要になる。いわゆるリベラルアーツが日本のビジネスパーソンにも求められる時代になっています。

『ベルサイユのばら』も勉強になる

柳川　ビジネスにおいて一般化が重要なもう1つの理由は、経営は実験できないからです。仕事のアイデアが湧いたとき、それを1つひとつ実験して、「この戦略を実行すればこんなことが起きるのか」とわかれば、そのデータサンプルからソリューションを生み出すことは容易です。でも実際のビジネスではアイデアの前提となる条件や環境が日々変化するので、実験したとしても結果が出る頃には使えなくなっている。だから実験によるデータ収集はできないのですが、とはいえ意思決定するには何らかのデータが必要です。

そのとき役立つのはやはり過去の事例であり、そこから抽出した一般化された概念ということになる。**過去を過去のまま捉えるのではなく、将来の戦略を導き出すためにうまく使うことが歴史を学ぶ意義になります。**

木村　私の場合は、多くの会社で経営の支援をしてきましたので、ある種の実験に近いことを積み重ねてきたと言えます。その経験が何十、何百と蓄積されていくので、一般的な経営者や管理職よりは持っているデータサンプルの量が圧倒的に多く、ソリューションも導き出せる。でも事業会社で働いている人たちは、コンサルタントのようにあちこちで実際の経営を経験するわけにいきませんから、そうなると最も頼りになるデータは歴史ということになるでしょう。

歴史と言っても遠い昔の国家や政治の動きだけでなく、ビジネススクールのケーススタディーで教えるような企業や事業の事例も含めて学びに役立てるといい。あとは歴史を描いた小説や漫画も勉強になります。フランス革命期を舞台とした池田理代子さんの『ベルサイユのばら』なんて、ものすごく面白いですよ。

柳川　『ローマ人の物語』を始めとする塩野七生さんの小説は経営者に人気がありますが、その理由は経営的な視点から歴史を再構築しているからです。だからアナロジーを読み取りやすいし、現代のビジネスパーソンが参考になる情報がたくさん得られる。司馬遼太郎さんの作品にも似たような傾向があります。

木村　言ってみれば、カエサルはカリスマ性のあるオーナー創業者です。後継者のアウグストゥスは、自分には先代のようなカリスマ性はないとわかっていたので、国家の基盤となる仕組み作りに注力した。だからローマ帝国はあれほど繁栄したのです。

このようにローマ帝国だけでも色々なタイプの皇帝がいて、その中にはきっと自分に似たタイプのリーダーもいるでしょう。そこから「彼の統治の仕方はチーム運営の参考になりそうだ」といった一般化もできるはずです。もちろんローマ帝国だけでなく、古代中国や中世ヨーロッパでもいい。国家が大きな発展を遂げた過程で多くの人々をいかに統治したのかを知ることで、普遍的なリーダー論を学ぶことができます。

柳川　それはつまり、人間がやっていることは古代ローマの頃から基本的には変わっていないということでもあります。**時代の環境が違うので目に見える事象は異なりますが、いつの時代も人間の本質は変わらない。だからこそ今に生きる私たちが歴史を学ぶ価値があるのです。**

仕事とは無関係な情報に触れ、異分野への感度を磨く

柳川　歴史を学ぶことは過去の事象から共通点を見出す作業ですが、私はもう1つ、異分野から共通点を探す訓練も大事だと考えています。今のビジネスでは、異分野のものを組み合わせてイノベーションを創出したり、異分野の会社同士がM&Aによって事業を発展

させたりすることが求められます。すると「この分野とこの分野を組み合わせればシナジーが出せるのではないか」「この分野の強みは、あの分野でも活かせるのではないか」と発想できることが重要になる。つまり異分野への感度を磨くべきだということです。

そのためには、自分の仕事とはまったく関係がなさそうな本を読んだり、異なる世界の人に話を聞いたりして、そこから得た情報が自分のビジネスや専門分野と何らかの形でつながらないだろうかと考える訓練が必要になります。

木村　話がずれるかもしれませんが、仕事とは別にこだわりの趣味を持っている人は周囲を引き込む力がありますね。単にゴルフが好きなだけではなく、ゴルフが発達した経緯や道具の性能について研究しているとか、ワインに詳しくてあるぶどう品種が世界中に広まって行ったプロセスを詳細に語れるとか。そういう人の話を聞いていると、ぐいぐい引き込まれてしまう。

ゴルフやワインという入り口から、歴史や地理、テクノロジーや農業まで幅広く興味の範囲が広がっていく。1つのものに入り込んで好きになる力はすごいものだなと感心します。

分野をまたがる力を身につける

柳川　1つの専門分野を極めていくと、同時に分野をまたがる力も持つようになります。植物は土の中に根を深く下ろすほど横にも根が広がって行くので、気づいたら隣の敷地の植物と根っこ同士がつながっていた、ということはよくあるわけです。**それと同じように、一見すると別々の分野の事象に見えても、深掘りしていくと根っこがつながっていることはよくあります。**好きな趣味を極めたら、それが実は自分の仕事や専門分野につながっていたということも珍しくありません。

以前、元プロサッカー選手で東大サッカー部のコーチも務めた岩政大樹さんと対談したことがありますが、スポーツの世界と私が関わっている教育やビジネスの世界には多くの共通点があることがわかって、非常に面白かったですよ。

木村　どんな共通点があったのですか。

柳川　例えば、日本のサッカー選手は監督の言うことが絶対で、自主性を育てるのに苦労するそうです。コーチが「自分の頭で考えてプレーしろ」と言うと、選手たちはコーチが求める正解を一生懸命に探し出す。それで「コーチ、これでいいですか？」と正解を確認しにくると言うんです。

一方ヨーロッパでは、選手たちがそれぞれ好き勝手にやろうとするので、それをいかにまとめてチームとして1つにするかでコーチは苦労する。つまりコーチの役割が日本とはまったく違うんです。これは日本企業と海外企業の管理職の役割と共通する話じゃないですか。それで「日本の会社でも同じことがよくあります」という話で盛り上がりました。

木村　なるほど。それは日本のビジネススクールでもよくある話です。私がファシリテーターになってケーススタディーを取り上げ、そこから何を学べるかを議論すると、日本人の場合は最後に正解を求めるんです。「木村さんならどうしましたか」「実際はどうなったんですか」と。ところが同じことを外国人相手にやると、全員が言いたいことを好き放題言ったら、スッキリしてすぐに解散になる。こんなところでもサッカーの話との共通点が見出せますね。

柳川　まったく異なる分野の学者たちが集まるシンポジウムに参加したことがあるのですが、そこでも自分との共通点が色々と見つかった経験があります。

例えば分子生物学の話なんて私とはまったく接点がなさそうですが、聞いてみると分子の話は組織論とよく似ているんです。分子はバラバラに存在していますが、それがまとまりを作って1つの塊《かたまり》としての生物を作り上げている。これはバラバラの個人が集まった組織が、どう一体性を生み出していくかというテーマと共通していますよね。

さすがに生物学と経済学では一般化するにもかなり抽象度を上げないと共通点は見つかりませんが、それでも似ている要素はある。それを探し出せれば、どんな分野からでも学ぶことができるし、自分のビジネスに横展開してイノベーションにつなげることも可能になります。

一見すると自分とは無関係に思えるものに対しても興味を持ち、異分野への感度を磨く訓練を積み重ねれば、あらゆることから学びが得られるし、自分の成長や仕事の成果に結びつけていけるはずです。

テクノロジーから未来への洞察力を得る

木村　今の時代は、テクノロジーを知ることも不可欠でしょう。これは未来への洞察力を身につけるために必要な学びです。最新の技術を知ることで、「今このテクノロジーが来たということは、十年後の社会はこうなっているのではないか」と想像することができる。つまり、将来を見通す力が養われるのです。

柳川　人間はどうしても過去の延長線上で未来を想像しがちです。ですから将来を見通すには、そのバイアスがあることを自覚した上で、意図的に既存概念を壊して発想することが大事です。

例えば「未来の自動運転車を想像してください」と言われたとき、大人は今自分の目の前で走っている車を見慣れているので、そのイメージからなかなか離れられない。でも子供は既存概念がないから、今の車とはまったく別物を想像する。宇宙を飛んだり、形が自由自在に変形したりと、何でもアリです。

子供と同じことを大人がやるには、自分が過去にとらわれがちであることを認識し、それを外して物事を見る習慣をつけるしかありません。

実際にそれができる大人もいて、私が以前見せてもらった開発中の自動運転車は、とてもユニークでした。人が入っているセルみたいなものがあって、交通量の多い幹線道路に出ると複数のセルが集まって今の自動車のような形になり、さらにセルの数が増えると大きなバスになって、交差点に来るとそれぞれのセルがバラバラに分かれて行く。これならわざわざバスを乗り換えなくても、一人単位で好きな方向へ走っていけるから効率的ですよね。こんな発想もできるのかと感心したのですが、これは既存概念を意図的に壊さないと生まれてこないものです。

木村　それは面白いコンセプトですね。

柳川　ただ、いつ新しいものが出てくるかを正確に予測するのは不可能だと思うんです。現在のように変化のスピードが速い時代には、きっちりと未来予測をして、それに向けた計画を立てて進んでいくという手順は難しいように思います。

だから未来を見通す発想が生まれたら、あとはとにかくトライしてみて、どこかでブレイクスルーが生まれたらそのときに実際の事業化に着手するといったアプローチしかとれないのではないでしょうか。

木村　おっしゃる通りで、未来を正確に予測できる人間なんていませんから、想像した将来像はあくまで仮説でしかない。でも、その仮説が重要なのです。企業戦略を立てるときも、「10年後の社会はこうなっているはずだ」という将来の世界観がまず先にあって、次に「それに向けてどのような技術開発をしていくか」というロードマップを組み上げ、そこから柳川先生がおっしゃったような仮説検証を繰り返すのが適切な手順です。

このように未来の姿から逆算して今やるべきことを考える手法をバックキャスティングと呼びますが、これはまさに将来を洞察する力がなくてはできません。反対に、現状で実現可能なことを積み上げて未来の姿に到達しようとする手法をフォアキャスティングと呼びますが、これだと「現在の技術をどう改良するか」という発想にしかならず、結局は過去の延長線上にあるものしか生み出せない。ですから、まずは自分なりに未来を洞察するバックキャスティング能力が求められます。

スティーブ・ジョブズも「失敗の山」

木村　これは余談であり失敗談なのですが、私が1988年にベンチャーを起業したときの事業アイデアは、今でいう直売仲介ビジネスでした。当時は通販業も未発達で、買い物をするなら近所の実店舗へ行くのが当たり前の時代でした。でも世の中には、地域の特産品や珍しい希少品を扱っていて、それを日本全国の人に広く売りたいと考えている事業者がいるはずです。だからその事業者と消費者を直接つなげるビジネスをやったら面白いんじゃないかと思って起業したのですが、それが１９８８年の話なんですよ。インターネットがまだなかったので、会員を集めて、定期的に会報を発行して商品の情報を届けるという古典的なやり方しかできなかった。

柳川　アイデアは良かったけれど、ちょっと時代が早すぎたと。

木村　そうです。その後インターネットが登場したときに、私があのときのビジネスに立ち返って、「このプラットフォームを使えば、今こそあの事業で成功できるんじゃないか」と考えることができていたら、今頃私は楽天市場の創業者になっていたかもしれない（笑）。

それは冗談として、何を言いたいかといえば、テクノロジーをビジネスにつなげるにはタイミングも重要だということです。**将来を見通す洞察力があり、未来のビジネスを発想しても、それを実現できる技術とのマッチングがいつ可能になるかは誰にもわからない。**だからこそ色々とトライして、仮説検証を繰り返すことが必要です。

柳川　アップルにしても、iPhoneなどは事業アイデアとテクノロジーが非常にいいタイミングでマッチした成功例ですが、実はその裏で失敗作も山ほどあります。世間の人たちは知らないかもしれませんが、音楽ＳＮＳのiTunes Pingとか、リリースはしたものの市場に受け入れられず撤退していった製品やサービスがたくさんある。

未来を先取りしてきたように思えるアップルでさえそうなのですから、テクノロジーに関しては仮説検証でトライ&エラーを繰り返していくしかないのでしょう。

文系は意識的に理系の知識を学べ

木村　テクノロジーは未来への洞察力を養うために役立ちますが、そのためには基本的な技術の仕組みを学ぶことが必要です。今なら「AIとはそもそも何なのか」「なぜこれほど注目されているのか」といった基本原理を理解する。なにも技術者になれるほど詳しくなれと言っているのではなく、その技術の何がどうすごいのかという本質を知っておくことが重要です。

柳川　とくに文系のバックグラウンドしか持たない人は、意識的に理系の知識を学ぶ必要があると思います。逆に、理系のバックグラウンドしか持たない人は、経営やビジネスモデルについて関心を持つ。**最近は教育の世界でも文理融合がキーワードになっていて、東**

大でも両方の学位を取得する学生を増やす方針を掲げています。

ビジネスの世界でも、アマゾン創業者のジェフ・ベゾスのように文系と理系を行き来できる人が大きな成果を出しています。異分野への感度を高めることが必要だと話した通り、これからは自分の担当領域外のことにも広く目を向けることが必須の時代になったということでしょう。

木村　テクノロジーを学ぶなら、翻訳力を持った専門家の話を聞くのがお勧めです。 翻訳力とは、専門的なことを一般の人にわかりやすく伝える力のこと。例えば、イノベーションの話でもご紹介した東大の松尾豊教授はＡＩ研究の第一人者ですが、物事の本質を明快に語ってくれます。

松尾教授は「ディープラーニングの発明によって何が起こったか」について、「ひと言で表すなら『人工知能が眼を持った』ということだ」とおっしゃっています。今までは人間の眼で対象物を観察して、機械学習に必要な変数を人間が作ってあげていたが、ディープラーニングによって人工知能がみずから眼で見て、判断して、行動するという生物と同じ身体性を持つようになった。これが現在起こっていることだという説明を聞いて、非常に納得がいきました。

柳川　物事の大枠を把握するのは、実はなかなか難しい。本を読めばいいじゃないかと言われても、専門外の人間にはどの本を選んでいいかさえわかりません。ですから木村さんのおっしゃるように、人から学ぶのはとても良い方法です。何もわからない人間が目の前にいれば、詳しい人はまず物事の大枠から説明してくれます。

　ミドル世代の管理職が人から学ぶなら、松尾教授のような専門家の講演などを聞くのもいいですが、フランクに話を聞ける相手を見つけるといいですよ。文系の人なら、20代や30代の若い理系の友人を作る。そして遠慮なくあれこれ聞けばいいのです。

　私も他分野のことを学ぶときは、もっぱらこの方法を使っています。もし法律について知りたいことがあったら、大学の若い先生に話を聞く。本を読んでもわからなかったポイントを詳しく聞けるので、理解しやすいんですね。もちろん専門書を読むことも大事ですが、同時に人からも積極的に学ぶべきだと思います。

「Be Authentic」——威厳あるリーダーたれ

木村　これからの管理職に求められるブライトサイド・スキルとして、最後に付け加えたいことがあります。それは「Be Authentic」です。

「Authentic」は「本物の」とか「正真正銘の」という意味なので、直訳すると「本物であれ」となりますが、これを管理職の立場に当てはめると「リーダーとしての使命を持て」とか「リーダーとしての宿命を感じろ」という意味になると私は解釈しています。最近は海外のビジネススクールでも、リーダーシップ論の1つとして「Authentic Leadership」を教えていて、グローバルリーダーを目指す者にとって重要な概念であるという認識が定着しています。

ではBe Authenticとは具体的にどうあるべきなのかというと、私は高い倫理観を持って行動するということだと考えています。これからの時代、リーダーとして人を率いる立場になると、自分の生き方や行動には制約が生じます。少しでも社会規範やルールに外れたことをすると、SNSを通じて社内に情報が広まってしまう時代ですからね。「これくらいならいいか」と思って少しでも脇が甘くなると、必ず足をすくわれる。倫理観というと高尚な話のようですが、わかりやすく言うなら俗っぽい欲求に足をすくわれるな、ということですね。行きすぎた金銭欲や物欲、まっとうではない恋愛感情のようなものです。

柳川　地位や権力を手に入れたからといって、好き勝手できるわけではない。むしろポジションが上がるほど、行動に制約を受けると考えるべきですね。

「権威的な振る舞い」を演じろ

木村　一方で、Be Authenticであるためには、リーダーとして権威的なポジションをとることも必要です。部下に本音で話せという話があったように、周囲との親近感を保つことも大事ですが、同時に必要なときは部下をきちんと叱るといった権威的な振る舞いが求められる。「あの人はいざとなったらやる人だ」と周囲が思えば、少々のことでは足をすくわれなくなります。その人が現れると、場の空気がピリッとするくらいでいい。**「この人の前で下手なことはできないから、真剣に仕事をしなくては」と部下たちに思わせるような、いい意味での緊張感はチームを強くするために必要です。**

これは演技でもいいと思うんですよ。演技として叱る、演技として迫力を見せる。それと普段の親近感とをいかに使い分けられるかです。

柳川　むしろ権威的な振る舞いは〝演じている感〟があっていいんじゃないでしょうか。感情的に権威を振りかざすと、それこそパワハラになってしまうので、部下から見ても「この人は自分やチームのためにあえて叱ってくれているのだな」とわかるくらいでいい。本人も「自分は権威的に演じているのだ」と自覚できるくらいのスタンスをとって、初めて冷静に振る舞えるように思います。

木村　そもそも最初にチームの羅針盤を作ってメンバーと共有しているなら、そのラインを越えた相手に対しては怒るべきです。管理職は自分が大事にしている信念や価値観を伝えているのですから、そこから外れることをした部下がいたら、「それは違う」とはっきり言っていい。部下も越えてはいけないラインをあらかじめ共有しているので、なぜ怒られたのかも納得できるはずです。

逆に、そのラインを越えない範囲であれば、部下の自由にさせればいい。いけないのは、基準となるラインを示さずに、その時々の気分で叱ったり、許したりと行動がブレることです。

リーダーが自分の中にしっかりとした基準を持っていれば、言動にもブレが生じないので、周囲から芯が通った人物に見られる。それがBe Authenticであるということです。

柳川　**かつては上司が上から目線でものを言っていればよかったが、今は権威と親近感をうまく使い分けなくてはいけない。**親しみやすさや優しさといった生身の人間としての魅力も必要だし、冷静な厳しさを示すことも必要となると、管理職であることの難度は昔に比べるとかなり上がっていると感じます。

木村　それでも「これからの時代のリーダーとはどうあるべきか」を知っていれば、それを目指すことができます。すぐに理想の姿に到達するのは難しくても、正しい目標に向かってアクションをアップデートしていくことができる。日本の管理職の方たちが、自分を変えるための一歩を踏み出してくれることを期待しています。

まとめ（3）

ゲリラ戦を戦い抜くリーダーシップ

柳川範之

これからの管理職に求められるのは、決められた業務内容だけを着実にこなすのではなく、今までのやり方を変えていく、新しい方向性を見つけていく等、ダイナミックな動きをもたらすことができる能力でしょう。それを磨くためには、どうしたらよいのか、以下でそのポイントを考えてみましょう。

ライバルの目線で考える

ダイナミックに変わっていくために、必要なことの第一歩は、今の自分の目線ではなく、異なった人の目線に立って、物事を考えるクセをつけることです。それによって、新たな気づきが得られるだけでなく、より建設的に新しい方向性を考えることができます。

たとえば、ライバル企業の立場に立って、競争の実態を捉え直してみることは、重要な目線切り替えの1つです。ライバル企業からみると、自社製品にはどんな強さや恐さがあるだろうか、あるいはどんな弱点があるだろうか。多くの人が無意識に、こんな思考実験をしていることと思いますが、これを意識的・定期的に行うことで、自社製品を客観的に見ることができるようになります。

それだけではなく、ライバル企業の判断や対応を予測する力をつけるのに役立ち、結果的に自社のとるべき戦略を、より深く考えることができるようになります。これは、経済学におけるゲーム理論の初歩的な応用です。ゲーム理論で、寡占競争等を考える際にまず重要になるのは、相手の立場に立って、相手がどのような意思決定をするかを予測することです。相互に関係しながら競争している以上、ライバル企業がどんな対応をしてくるか予測するのは不可欠なことであり、より正確に予測するには、ライバル企業の立場に立って、ライバル企業の担当者になって考えてみることが重要だからです。

トップの目線で考える

同様のことは、社外的な面だけでなく、社内の活動においてもあてはまります。**とくに管理職の立場にいる人は、絶えず企業トップの目線、そして部下の目線の両方に切り替えてみることが必要です。**そうしないと、どうしても今求められている仕事だけに視点が集中してしまい、状況を改善し、新しい方向性を模索することが難しくなるからです。

自社トップの目線に立って、会社全体を見渡すクセをつけることは、担当部門のことだけに焦点が集中してしまいがちな管理職の目線を修正する上で、とても大切です。どうしても、仕事をしていると目先のことに集中してしまい担当している部署のことだけに意識が集中しがちです。そのこと自体は重要なことなのですが、それだけでは視野が狭くなり、とくに大きな変化が生じたときにそれに対応できなくなりがちです。それを避けるためには、全体を見渡す大きな視点が必要なのです。

また、任されている部署だけではなく、会社全体のことを考えるというのは、そもそも管理職に求められる資質だという側面もあります。それぞれの部門が、ばらばらに自部門のことだけを考えていたら、会社全体はうまく回っていかないのは明らかです。それをまとめていくのが、トップマネジメントの役割ではありますが、それぞれの部門を任されている管理職も、やはり全体を意識した意思決定が求められているからです。

その際、会社全体の利害と部門の利害のどちらを優先できるか、というのは対談でも出てきた難しい課題ですが、**まずはその前段階として、会社全体としては何が望ましいのか、自分がトップだったらどのような決定をするか、をしっかり考える、そのクセをつけることが重要です。**

さらには、このようなトップの目線で考えるクセをつけることは、より会社全体を考えるべきポジションに立った場合の予行演習になるという側面もあります。いきなり全社的な意思決定を任されたときに戸惑わないようにするためにも、自分ならどうするかを絶えず考えておくことが必要です。

上の立場に立って考えてみるだけではなく、部下の目線、現場の目線に目線を切り替えて考えることも重要です。これも優れた管理職の人は当然行っていることではありますが、部下の目線に立ったときに、その部署がどう見えるのか、どこに課題があるのかを絶えず考えることは、部署内全体を掌握して、適切な判断をする上では不可欠です。

また、現場の感覚や現場の知恵を失わないようにすることも求められます。そのためには、現場では何が起きているのか、現場での実態をきちんと把握できるような情報収集を怠らないようにするとともに、現場の目線に立って考えるクセをつけることが必要となるのです。

こう考えてくると、どこの目線に立ってみるかではなく、いつも目線を切り替えて、多面的な目線で物事を捉えること、そのものが重要であることがわかります。何か課題が発生したときに、それに対して、経営者の目線、管理職の目線、現場の目線と多様な目線からそれを判断し、必要に応じて目線を切り替えながら、解決策を考える、そんな能力がこれからの管理職には、とくに求められています。そして、それを身につけるためには、日々の活動の中で、多様な目線に切り替えるクセをつけていくことが大切なのです。

前向きなメッセージを発し続ける

それでは次に、どう実際に組織を動かしていくかを考えてみましょう。現状維持ではなく、何かを変革していこうと考えた場合、自分の部下や部門全体が同じような意識を持って、変革しようと考えてくれるとは当然限りません。むしろ、不安が先に立つために、変化に対してネガティブな反応をするのが普通です。**これからの管理職には、そのように不安が先に立つ部下をいかに説得して、必要な変革を促し、動かしていくか、その能力が求められているといえます。**

そのために、まず必要なことは、前向きなメッセージを発し続けることでしょう。どうしても変化に対する不安が先に立ってしまうことが、後ろ向きになりがちだったり、変革に抵抗したりする理由の根幹にあるとすれば、その不安をできるだけ取り除くような前向きなメッセージが重要です。そして、それをきちんと説得力のある言葉で、語っていくことが、これからの管理職には求められます。

かつては、多くを語らない、背中で語るタイプのリーダーが、良いリーダーとされた時代もあったでしょう。しかし今は、将来に関する不確実性が高くなり、この部署がどこに向かうべきなのか、どうしていくことが正解なのかが明確でないことが多い時代だといえます。そういう時代には、しっかりと語ることの重要性は増しているのです。

横の連携を作る

また、変革は自分だけではできず、自分だけでは何も変えられないという意識をしっかり持つことも必要です。そこから、望ましい戦略も導き出されてきます。

具体的に組織をどう動かすかを考える際には、トップの目線で考えることの重要性はすでに述べた通りですが、それだけでは、全体を動かすことが難しいのも事実でしょう。自分にあるのは、社内の一部署に関する権限だけだとすると、それよりも大きい部分を動かすには、力が足りない。そのことを十分意識した上で、横の連携を図っていくことが必要となります。

同じような全社的問題意識を持っている同僚や、他部門のトップと問題意識や改革の方向性を共有することができれば、1人では変えられない全社的な構造を変えられる可能性が高くなります。

もちろん、それがそう簡単なことではないのは事実です。同僚はライバルでもあったりするので、たとえばトップの意向とは異なる改革案を安易に話すことが難しい場合もあるでしょう。また、同じ全社的問題意識を、周りの人が持ってくれるとも限らないでしょう。しかし、難しいからこそ、それをうまくできれば、大きな成果を上げられる可能性が高くなります。

そもそも、下が連携して上を変えようとするというのは、上から言われたことを、きちんとこなすという管理職のイメージとはだいぶ異なるものです。しかし、これからの管理職に求められるのは、このような能動的な姿勢でしょう。

これは、正規の上から下への命令系統とは異なる戦略なので、ある意味でゲリラ戦です。ゲリラ戦にはゲリラ戦のやり方があります。

うまくやるためには、まず、横の連携関係がとれるような信頼関係を社内で地道に作っていくことで必要でしょう。当初から信頼関係を多くの人と築いておけば、いざというときの連携がとりやすくなります。そのためには、単に日頃から仲良くしておくだけではなく、どんな価値観を持っているのか、どんな問題意識を持っているのかを日頃からできるだけ共有しておくことがポイントとなるでしょう。

また、必ずしもすべての面で合意できなくても、強い問題意識と目指すべき改革プランがある程度共有できれば、連携関係が作れる可能性は高くなります。共有できるだけの明確な問題意識とプランを提示していくことも、求められる方向性です。

もちろん、横の連携だけでなく、部下の人たちを説得して、部署内の方向付けをしていく必要もあるでしょう。そのためには、どのような方向に変革をしたいのか、なぜそれが必要なのかを、きちんと語り、明確な方向性を示すことが、やはり大切になります。その上で上司や会社全体を説得して、望ましいと考える方向に持っていくようにする必要があります。

無理をしないが諦めない

ただし、ゲリラ戦なので無理をしないことも、大切な戦略です。トップや上司が強くサポートしているなら別ですが、そうでない限りは、無理に強行突破しようとしても、うまくいきませんし、潰されるのがおちです。**無理をせず、勝機を探す。タイミングを見て、上司やトップを説得して、動かせるタイミングで少しでも動かし、変えられるところを変えていくことが重要になります。**

これは、簡単には諦めない気持ちが必要だということでもあります。正規に命令されたことを実現するのとは状況が違うので、むしろ簡単には変えられないと割り切るぐらいでないと物事は進みません。だからと言って諦めてしまっては何も変わらないので、諦めずに何度でもチャンスを見つけることが大切なのです。

とはいっても、同じことを何度も繰り返しても、状況は改善しないでしょう。**少しでも改革を前に進めるためには、戦略を絶えず微調整して、例えば説明の仕方を変えるとか、仲間に入れるべきメンバーを追加するとか、対策を調整していく必要があります。**

その際には、周りが不安にならないためにも、自分自身が方向性を見失わないためにも、やはり羅針盤としての、大きな方向性は明確にしておくことが不可欠です。当然、大きな環境変化があれば、その方向性も修正を迫られる場合もあるでしょう。しかし、それは前に進めるための微調整だったり、上司を納得させるための戦略上の修正だったりとは違うはずです。

多少の変化では揺らがないような大きな方向性、それは自分自身の信念にもとづくものなのかもしれません。何をどう変えたいかという強い想いを持ち続けることが、下から組織を変革していくというゲリラ戦を先導するリーダーにとって、重要な要素なのです。

まとめ（4）

リーダーシップ力と組織能力のアップデート

木村尚敬

アクションを起こさなければ、何も変わらない

Part2の議論のポイントは、改善型の経営から改革型の経営にシフトチェンジしていくために、事業戦略・組織・個々人のリーダーシップなどのあらゆるレイヤーにおいて、これまでの同質的・自前一辺倒から、徹底的に多様性・異質性を取り入れるようにするということです。**これら多様性・異質性を取り入れるには、いくらマインドを切り替えてもアクションに起こさない限り、決して何も始まりません。**そのアクション自身は、何気ないことがきっかけになるケースも多々あるため、まさに読者の皆さんのアクションアップデート力にかかっていると言えるでしょう。

ダイバーシティ推進へ向け、女性や外国人などの登用数等を定量目標に掲げているケースも多く見られますが、筆者が常々申しているのは、形式的な基準を満たすことだけに終わらせず、リーダーたちがそうした多様なものの見方・考え方をする人たちの意見を受け入れ、行動に反映していくことがなされなければ、本質的に多様・異質な組織になっていかないということです。

つまり、リーダーである皆さんが、主体的・積極的に多様な人たち・意見に触れるよう

アクションを起こし、許容できるマインドを作っていかなければならないわけで、「タバコ部屋ですべての意思決定がなされる」時代は、とうの昔に終わったことを強く認識する必要があるでしょう。

求められる「両利きの経営」

2019年に出版された『両利きの経営』(東洋経済新報社)は、既存事業の持続的な〝深化〟と、新たなるイノベーションを生み出す〝探索〟の2つを、同時に推進しうる組織能力の重要性を説き、ビジネス書のベストセラーの1冊となりました。

筆者が支援しているいくつかの会社においても、〝両利き〟が経営会議の中で普通に使われるようになるなど、広く人口に膾炙した感がありますが、これは単に新規事業育成を積極的に取り組めばよいという安易なものでは決してありません。本書のメッセージである、改善型の経営から改革型の経営にシフトチェンジしていくこと、つまりその根底にある会社のOS(組織能力・リーダーシップ能力のみならず、事業ドメインや事業モデル、会社の仕組みや人事諸制度などのあらゆるコンポーネント）をアップデートしていくことこそ、両利き経営の要諦であり、私たちＩＧＰＩは、コーポレートトランスフォーメーションと呼んでいます。

では、古いＯＳ（本書で言うところの改善型のみのＯＳ）のまま、この深化と探索を行うとどのようなことが起こっているのか、いくつか例示してみましょう。

既存事業の深化における陥穽

既存事業においては、事業の拡大に伴い、そのセグメント（事業／拠点／製品・サービス／顧客など）がどんどん多様化・複雑化していくことは言うまでもないでしょう。本来あるべきは、これらのセグメントをポートフォリオ化しながら高速にＰＤＣＡを回し、適時適切な入れ替えを行って行くことに他なりません。しかしながら、連続的な事業成長が前提であった改善型のＯＳにおいては、〃足し算経営〃が基本であり、何かをやめる、という〃引き算〃の判断が極めて難しいのです。

もう少し具体的にこの引き算を説明すると、製品やサービス、顧客との取引をやめるといった、いわゆる社内固定費に手を付ける必要がない引き算は、ほぼ問題はありません（一部、顧客との取引撤退については、営業部門の猛反対を受けるケースがあるのは事実だが）。しかしながら、拠点や事業の売却など、固定費の引き算に関しては、かなりハードルが高いのが実際のところです。

いまだによく耳にするのが、「その事業は前社長が肝いりで始めたものだから」とか、「ＯＢがたくさんいる子会社だから」といった情緒的な声です。また、自社コア技術が時代とともに進化・変化し、シニアのエンジニア層のスキルが陳腐化してしまって居場所がどんどんなくなっているにもかかわらず、そうしたシニア層のリソースシフトを無理に行おうと腐心しているケースなども散見されます。

通底している問題は、当社のリソースの一部が当社傘下において世の中へ付加価値貢献できる余地が少なくなってきていること、社外に目を向ければまだまだ付加価値貢献できる機会があるのですが、その引き算の意思決定ができない・遅れてしまうことです。

過去に積み重ねてきたこうしたアセットはサンクコストと呼ばれ、経営の判断はこれから先の将来に向かって価値を生むかどうかのみで判断されるべきものですが、どうしても「これまでいくら投資してきたから」というサンクコストに情緒的に引っ張られてしまう傾向が強くなりがちです。

これらの課題を、手遅れにならないタイミングで進めていくためには、組織の中に一定の流動性という新たなるDNAを埋め込む必要があります。つまり、多様性・異質性の許容も、足し算だけではダメで、組織文化も人材も含め、社会に継続的に付加価値貢献をしていくためにはどういったカタチ・やり方が望ましいのかを念頭に、すべて適切な新陳代謝をかけていく必要があるということです。

結局のところ、会社の傘の下で年功的に階段を上がっていく仕組みに別れを告げ、個々人がその流動性を前提として、どこでも自立的にやっていけるだけのスキルを継続的に身につけていく覚悟が求められるのです。

イノベーションの探索における陥穽

既存事業の延長にある、新製品・サービス開発のように、既存のリソースを使いながら事業拡大していく〝滲み出し〟領域の事業開発ではなく、事業スキームそのものをゼロベースで組み上げる事業開発を行う、その前提となるチャレンジングな技術開発に着手する、もしくは若手ベンチャー企業と手を組むといった〝ジャンプ〟領域でのイノベーション創出は、基本的に不確実性のかたまりであり、成功確率は必ずしも高いわけではありません（本書で述べた通り、スティーブ・ジョブズでさえ、死屍累々のありさまです）。

一方、改善型経営においては、事業の拡大・成長は連続線上にあるため、基本的にはリスクのコントロールがカギとなる、換言すれば、不確実な要素はなるべく潰して、蓋然性を高めるのが基本形です。

この蓋然性というものが曲者で、本来不確実性を前提とした事業推進を行うべきにもかかわらず、ついついそのリスクをとることを逡巡してしまい、結果として多くの機会を逃してしまった例は、枚挙にいとまがありません。

大手企業の経営会議において、ゲートキーパー役に回る財務担当や社外取締役から、「どの程度蓋然性が高いのか」という問いがお決まりのようになされ、事業担当者から「リスクファクターは徹底的に潰しこんでいきます」という、こちらもお決まりの文句の回答がなされます。**もちろん、株主に対する説明責任の観点からも、投資判断においては徹底的に議論されるべきですが、議論を尽くす＝リスク要因を徹底的に潰しこむ、という前提でなく、議論を尽くす＝何がリスク要因であるかを見極め、どこまで許容すべきかを決める、というように発想を切り替えることが欠かせません。**

この文脈でもう1つあるのが、投資金額の議論です。改善型経営のＯＳにおける新事業創出においてよく聞かれるキーワードが、「小さく始めて大きく育てる」です。これはあくまでオーガニック前提の、リスク回避しながらの事業創出が前提となっています。しかしながら事業特性によっては、初めから大きく張らなくてはならない事業（かつ成功確率も不確定）も多々あり、スモールスタートは初めから失敗を既定してしまうケースさえもあります。

結局のところ、組織能力・リーダーシップ能力としてどれだけリスクに対する許容度を持てるか、という点であり、リスクは徹底的に叩きに行く既存事業と、リスクをある意味エンジョイするイノベーションとの両利き力が、まさに試される場面といえるでしょう。

これも事業という切り口での多様性・異質性の許容であり、キャッシュフローの蓋然性の高さを精緻に追い求める事業、不確実性の高さにより当たったときの大きさはずば抜けている不確実な新規事業、こうした多様化したポートフォリオをマネージする両利きの組織能力を醸成できるリーダーシップ能力こそが、本書で申し上げている、新しいリーダーの条件に他ならないのです。

長年にわたり続いてきた、「絶対に上手く行くんだろうな」というトップマネジメントの問いに対して、「必ず成功させます」という寸劇は、早く過去のものにしなければならないでしょう。

アクションをアップデートする処方箋

Part1同様、アクションをアップデートする処方箋について述べて、締めくくりとします。ポイントは、これまでのやり方を、どうやって〝トランスフォーム〟していくかです。

1．引き算の意思決定をする

読者の皆さんが担当・所属する部門においても、過去の長い歴史の中で、戦略・オペレーション・社内の仕組みや制度、組織文化などの様々なレイヤーにおいて、数多くの積み上げをしてきていることだと思います。これらのうち、なぜそうなったのかも、もはや知る由のないような不文律となっているものも少なからず存在しているのではないでしょうか。

それらの中には、冷静に考えると、多くの無駄であったり、存在意義が薄れてしまっているものも多数あるでしょう。仮にそれらをリストアップして、〝変えることの難易度（要はどれだけ社内抵抗が強いか）〟と〝変えることのインパクト（要はどれだけ業績に影響が大きいか）〟の2軸で評価してみてください。きっと難易度も高く、かつインパクトも大ききい、いくつかのテーマが見えてくるはずです。ぜひ思い切って、それらを抜本的に変える、もしくは捨てるという意思決定を行ってください。

もちろん、社内の様々な抵抗にあうことは容易に想像できますが、とにかく最後までやり遂げる強い意志を持つことです。ここで気を付けなければならないのは、長年のやり方を変えるということは、短期的には非効率を生んで混乱が起こる可能性が高いこと、そのためについつい昔のやり方に戻りたくなってしまうことです。**Part1で書いた中国での改革事例のように、信じてじっと我慢するだけの胆力が持てるかどうかが勝負となります。**

2. セルフコミットメントをしよう

ここまで読み進まれた読者の皆さんは、おそらく改革型のリーダーとしてコーポレートトランスフォーメーションに立ち向かう覚悟ができていることと思います。では、その思いをコミットしてください。3カ月後・6カ月後・1年後のそれぞれに、自分はどうなっていたいか、どんな成果を出していたいか、をできるだけ具体的にイメージしてみましょう。

考えが固まったら、それを紙に書き起こし、それぞれ「3カ月後の自分へ」「6カ月後の自分へ」「1年後の自分へ」と書いた封筒に入れ封をして取っておきます。その時期が来たときに改めて読み直してみて、自分がどれだけトランスフォームできたかを見つめ直してください。現時点では意気揚々と強い意志を書き綴ったとしても、時間の経過とともについつい忘れてしまうものです。強いコミットを持続させるためにも、ぜひトライしてください。

3. オフサイトミーティングを開こう

Part1の処方箋で、仮想の〝社長就任演説〟をお勧めしましたが、今回はこれのリアル版です。**皆さんのチームメンバーを集め、定常の会議体とは別に、皆さんご自身・チームとしての変革宣言をするミーティングを実施してください。**通常モードと空気を変える意味でも、オフィス以外の場所で実施するのが効果的です。

リーダーとして何をどのようにトランスフォームするか、その先に何が待っているかを明確に描いて伝えることが目的ですが、大事なことは、恥ずかしがらずにリーダーとして本気でコミットするということを示すこと、そしてチームメンバーにも同様に協力・コミットメントをお願いすることです。あとはチーム全員で具体的なアクションプランに展開し、重要なマイルストンを設定、ＰＤＣＡを回しながら進捗を追いかけてみましょう。

前述した通り、短期的な非効率に挫折しないためにも、リーダーとして常にポジティブな態度・メッセージを発信し続けることを忘れないでください。

今後10年の間に、様々な破壊的技術の進化によって、市場・競争環境は今と大きく異なっていることは間違いありません。そのときのトップリーダーを担うのは、今の管理職である読者の皆さんです。

ぜひ本書がトップリーダーを目指す皆さんにとって、〝新しいリーダーの条件〟としてのバイブルになれば、筆者の一人として望外の喜びです。

おわりに

柳川先生と親交を深めてから、10年近い月日が経っています。これからの日本企業はどうあるべきかというテーマで激論を交わし、私が企業経営に携わる中で感じたことや苦労している事などを話すと、「結局それはこういうことですよね」と、アカデミックな視点から非常にわかりやすく整理していただき、壁打ち相手として示唆に富むアドバイスを与えてくれる大切な師です。また、時には思い切り羽目を外し夜半まで酒を酌み交わし、肩を組んでデュエットするような良き遊び仲間でもあり、私にとってかけがえのない友の１人です。

２０１８年、日経本社で、拙著『ダークサイド・スキル』を題材とした対談セミナーを企画することになり、対談相手として〝いの一番〟にお願いしたのが柳川先生でした。100名ほどの管理職の方々にお越しいただき、これからのリーダーシップについて討議を行いました。多くの参加者の方々と日々の仕事における悩みやチャレンジなさっていることなどを共有し、規模の大小や業種の違いはあれど、やはりこれからのリーダーシップとして通底する課題があるのだなと改めて認識した会となりました。そこで、「セミナーだけで終わらすのはもったいない、この熱い議論をぜひ多くのトップリーダー候補の方々にお伝えしたい」ということで生まれたのが、この本です。

本書で述べている通り、VUCAの時代において、これまでのまま〝馬なり〟で進めていく経営は時代に取り残される可能性が極めて高く、果敢な意思決定を行いうるリーダーシップ能力が求められる時代に突入したことは間違いありません。リーダーシップの最大なる敵は、組織やリーダー自身の内面に存在する、「変わることへの抵抗」です。この抵抗心を打ち破るカギは、ほんの少しでもリスクを取りに行く姿勢、同調圧力に屈しないスタンス・意思を明確に示すことです。最近、ウェブによるビデオ会議の活用が急速に進んでいますが、筆者が感じる利点の1つに、参加者が場の空気を読みづらいことがあります。これまで周りの顔色を見ながら何となく進めていた議論ができなくなったため、発言者が自分の言葉で自らの主張を明確に伝えなければならないシーンが増えました。デジタル・トランスフォーメーションによる副産物の一つかもしれませんが、一人ひとりのリーダーがポジションを取りまくりながらお互いの主張をぶつける、そんなシーンがどんどん増えていくことが、変革の端緒かもしれません。

本書を執筆するにあたって、大変にお忙しい中時間を割いていただき、最高の議論相手となってくださった柳川先生、筆者が日々の企業経営での死闘格闘を通じて真剣勝負の議論を交わし、多くの刺激と貴重なアドバイスをもらっている、ＩＧＰＩのパートナーの方々に感謝の意を表します。また、本書執筆のために、週末を幾度となく空けてくれた最愛の家族にもお礼を伝えます。最後に、本書を担当してくださった日経ＢＰ日本経済新聞出版の赤木裕介氏、構成を担当してくださった塚田有香さんにも大変にお世話になりました。この場を借りまして、心より感謝申し上げます。

２０２０年３月　　木村尚敬

“時代に捨てられない管理職を
目指してください”

―― 柳川

“我こそは『10年後のトップリーダーだ』
という気構えを!”

—— 木村

管理職失格

新世代リーダーへの条件

2020年5月15日　1版1刷

著者　木村尚敬／柳川範之

発行者　白石賢

発行　日経BP
日本経済新聞出版本部

発売　日経BPマーケティング
〒105-8308
東京都港区虎ノ門4-3-12

ブックデザイン　新井大輔

フォトグラファー　佐久間ナオヒト

印刷・製本　三松堂印刷

ISBN978-4-532-32338-7　Printed in Japan

木村尚敬　*Naonori Kimura*

株式会社経営共創基盤（IGPI）
共同経営者
マネージングディレクター。

ベンチャー企業経営の後、日本NCR、タワーズペリン、ADLにおいて事業戦略策定や経営管理体制の構築等の案件に従事。IGPI参画後は、製造業を中心に全社経営改革（事業再編・中長期戦略・管理体制整備・財務戦略等）や事業強化（成長戦略・新規事業開発・M&A等）など、さまざまなステージにおける戦略策定と実行支援を推進。IGPI上海董事、モルテン社外取締役、サンデンホールディングス社外取締役。慶應義塾大学経済学部卒、レスター大学修士（MBA）、ランカスター大学修士（MS in Finance）、ハーバードビジネススクール（AMP）。
主な著書に、『ダークサイド・スキル』『見える化4.0』（共に日本経済新聞出版社）など。

柳川範之　*Noriyuki Yanagawa*

東京大学大学院経済学研究科・
経済学部教授。

中学卒業後、父親の海外転勤にともないブラジルへ。ブラジルでは高校に行かずに独学生活を送る。大検を受け慶應義塾大学経済学部通信教育課程へ入学。大学時代はシンガポールで通信教育を受けながら独学生活を続ける。大学を卒業後、東京大学大学院経済学研究科博士課程修了。経済学博士（東京大学）。
主な著書に、『法と企業行動の経済分析』（第50回日経・経済図書文化賞受賞、日本経済新聞社）、『40歳からの会社に頼らない働き方』（ちくま新書）、『東大教授が教える独学勉強法』（草思社）など。